Mit dieser hochaktuellen
Lektüre – so hoffe ich –
werden Dir die 5 Std
Reisezeit nach München
wie im Fluge vergehen.

Viel Spaß

Dein Weib

Arno Nöldechen
Die Supraleitung

Arno Nöldechen

Die Supraleitung

Nobelpreis für eine technische Revolution

ECON Verlag
Düsseldorf · Wien · New York

CIP-Titelaufnahme der Deutschen Bibliothek

Nöldechen, Arno:
Die Supraleitung: Nobelpreis für e. techn. Revolution / Arno
Nöldechen. – Düsseldorf; Wien; New York: ECON Verl., 1988
ISBN 3-430-17155-5

Lektor: Wolfgang Drescher

Gesetzt aus der Palatino der Fa. Linotype
Satz: ICS Communikations-Service, Bergisch Gladbach
Papier: Papierfabrik Schleipen GmbH, Bad Dürkheim
Druck und Bindearbeiten: Bercker Graphischer Betrieb, Kevelaer
Printed in Germany
ISBN 3-430-17155-5

Inhalt

1.
Die Supraleitung – eine einmalige Chance für Forschung und Industrie

Die »Supraleitung« ist ein physikalischer Effekt: *Elektrische Energie kann ohne Verluste »fließen«, wenn ganz bestimmte, fest umrissene Bedingungen eingehalten werden.* Das steht im Gegensatz zu unseren Alltagserfahrungen! Die besagen nämlich, daß bei jeder Leitung ein ganz bestimmter Verlust einzukalkulieren ist.

Um ehrlich zu sein, ganz ohne Verluste geht es auch bei der Stromleitung durch die Supraleitung nicht ab. Aber dann sind es Verluste, die mit der *eigentlichen* Stromleitung nichts zu tun haben. Es sind Verluste, die auftreten, um den supraleitenden Zustand eines Materials zu erreichen und um ihn auch einzuhalten.

Nach allen bisherigen physikalischen Beobachtungen tritt der verlustfreie Stromtransport nur bei sehr, sehr tiefen Temperaturen auf. Temperaturen, die dicht am *absoluten Temperatur-Nullpunkt,* bei einigen wenigen Kelvin liegen.

Als Temperatur-Nullpunkt gelten minus 273,15 Grad Celsius. Die Kelvin-Skala beginnt beim absoluten Temperatur-Nullpunkt von minus 273 Grad Celsius und zählt von da an aufwärts in Gradschritten wie die Celsius-Skala (−273,15° Celsius = 0 Kelvin). »Kelvin-Temperaturen« werden nicht in Grad angegeben. Aber ein Kelvin entspricht einem Grad Celsius.

Wenn solche »Weltraumkälte« eingehalten werden soll, werden Kälteaggregate nötig, die ganz erheblich tiefere Temperaturen erreichen können als jene, die selbst die leistungsfähigsten Tiefkühltruhen aufweisen.

Diese Kühlaggregate gibt es. Sie arbeiten nicht mit Fluorchlorkohlenwasserstoffen oder Ammoniak, wie es in unseren Haushaltsgeräten üblich ist, sondern mit Gasen. Hauptsächlich mit Heliumgas, das bei minus 269 Grad Celsius aus dem flüssigen Zustand verdampft. Beim Verdampfen kann es einen supraleitenden Werkstoff auf dieser Temperatur halten. Minus 269 Grad Celsius entsprechen auf der Kelvinskala einer Temperatur von vier Kelvin.

Kühlanlagen in diesen extrem tiefen Temperaturen betreiben zu können ist natürlich ein kostspieliges Unterfangen. Der verlustlosen Stromleitung ist daher der Kühlaufwand gegenzurechnen. Bei Haushaltsgeräten würde sich dieser Aufwand verständlicherweise nicht lohnen. Er rechnet sich aber in einer Reihe von Anwendungsmöglichkeiten, die nur mit sehr hohen Strömen arbeiten können oder die dann durch die Supraleitung Leistungen erbringen, die sonst unmöglich sind.

Dafür gibt es heute schon zahlreiche Beispiele. Sie betreffen vorerst recht teure Meßinstrumente oder Anlagen, die der physikalischen Grundlagenforschung dienen. Andere Geräte werden von Medizinern als »Kernspin-Tomografen« zu Diagnosezwecken benutzt. Oder machen den Bau von sogenannten Teilchenbeschleunigern möglich.

In den erwähnten Fällen handelt es sich um physikalische Apparate, die nur funktionieren, wenn mit besonders kräftigen *Magnetfeldern* operiert werden kann.

Das ist ein Gebiet, das die Supraleitung erobern wird: Mit hohen Strömen werden auch sehr große Magnetfelder erzeugt. Es sind Magnetfelder, die das nicht einmal schwache Magnetfeld der Erde um ein Zigtausendfaches übertreffen. Das Erdmagnetfeld erreicht durchschnittlich 0,48 Gauß; supraleitende Magnete schaffen mit den heutigen technischen Verfahren im Extremfall aber rund 200 Kilo-Gauß, nach der neuen gültigen Dimensionsgröße also zwanzig Tesla. Einem Tesla entsprechen jetzt zehntausend Gauß, es ist daher rund 20 000mal größer als das Erdmagnetfeld.

Obwohl der Magnetismus schon im Altertum bekannt war, ist er erst schrittweise, seit 1800, physikalisch erforscht worden. Verstanden ist diese unsichtbare Kraft, die von magnetischen Werkstoffen ausgeht, zwar unter Wissenschaftlern, aber bei Laien geistern noch immer abenteuerliche Vorstellungen über sie herum: Vorstellungen, die bis zu sagenhaften Heilwirkungen reichen, die aber weder Mediziner noch Biologen mangels Meßverfahren nachweisen oder widerlegen können.

Magnetismus geht auf Drehimpulse von Elementarteilchen zurück, also von Elektronen und von Atomkernen. Die Impulse entstehen beim Rotieren der Teilchen und werden auch Elektronen- und Kernspin genannt.

Ohne einen technisch praktizierten Magnetismus gäbe es heute keine Elektromotoren, Stromgeneratoren oder den »Wechselstrom«, der aus allen unseren Steckdosen kommt. Die neuesten Erkenntnisse über die Supraleitung wirken daher auch langfristig in die Grundlagen unserer heutigen technischen Kultur hinein. Einer Kultur, die als Energiequelle den elektrischen Strom einsetzt und der derzeit keine andere Alternative zur Verfügung steht. Hier liegen also die enormen Hebelwirkungen, die die modernen Entdeckungen der Supraleitung für unsere gegenwärtige Technik auszuüben fähig sein werden.

Das ist eine Prognose, die aus allen vorliegenden wissenschaftlichen Forschungsergebnissen klar und deutlich ablesbar ist: Wo bislang mit teuren Methoden flüssiges Helium benutzt werden mußte, um den supraleitenden Zustand zu erreichen, kann in naher Zukunft mit flüssigem Stickstoff gearbeitet werden. Weil die neuartigen, als »Zürich-Oxide« bezeichneten, supraleitenden Werkstoffe lediglich mit flüssigem *Stickstoff-Gas* in dem Temperaturbereich gehalten werden, der den supraleitenden Zustand bei nur noch minus 170 Grad Celsius aufrechterhält.

Das klingt recht kompliziert. In Wirklichkeit – soweit Wissenschaftler das wissen – ist es das eigentlich nicht.

Wissenschaftliche Entdeckungen wie diese führen häufig zu übertrieben optimistischen Schlagzeilen in der Presse: »Revolution der Technik«, »Die bedeutendste Entdeckung in diesem Jahrhundert«, »Die wichtigste Erfindung seit dem Transistor« oder »Energie ohne Verluste«.

Die neuartigen supraleitenden Werkstoffe aus *Seltenerdmetall-Oxiden* wurden 1986 von zwei Wissenschaftlern des IBM-Forschungslabors in Rüschlikon bei Zürich in der Schweiz entdeckt: von dem Deutschen *Dr. Johannes Georg Bednorz* und dem Schweizer *Professor Dr. Karl Alex Müller*. Sie erhielten für diese Entdeckung 1987 den Nobelpreis für Physik.

Die neuartigen Supraleiter werden uns neue empfindliche Meßinstrumente und eine Fülle von elektrischen und elektronischen Schaltelementen bescheren. Allesamt Geräte, die rentabler mit der elektrischen Energie umgehen und damit sparsamer arbeiten.

Das sind enorme Vorteile für die gesamte Energietechnik. Sie werden nicht von heute auf morgen verfügbar sein. Aber es zeichnet sich nun ein Durchbruch ab, den Wissenschaftler wie Techniker nutzen wollen und werden.

Wir Menschen wären, nach einer mehr als fünfhunderttausend Jahre währenden Entwicklungszeit, ohne Energie längst nicht da, wo wir heute stehen: und zwar in allem, was unser gegenwärtiges Leben ausmacht. *Die Technik war und ist die Grundlage unserer menschlichen Existenz.*

Dabei spielt es keine Rolle, daß wir gerade in diesem Jahrhundert erkennen müssen, welche Nachteile uns die neueren Techniken gebracht haben oder welche Gefahren uns drohen, wenn wir mit unserer Umwelt nicht naturgemäß umgehen. Andere Techniken werden uns aus dieser Misere wieder herausführen. Besonders dann, wenn wir es wirklich wollen. Und daran besteht kein Zweifel – trotz mancher Unkenrufe.

Die elektrische Energie ist heute die wichtigste Energiequelle geworden. Sie steht uns erst seit wenig mehr als hundertfünfzig Jahren zur Verfügung. Sie schenkt uns Licht, Antriebskraft für Motoren und hat uns schließlich auch Computer beschert. Wenn es uns nun endlich gelingt, sie noch sparsamer und rentabler auszunutzen, braucht es für kommende Generationen keine Kriege mehr um Energiequellen geben.

Mit der Nutzung der Supraleitung werden eine Reihe von Wünschen der Techniker in Erfüllung gehen: Der Transport elektrischer Energie wird billiger. Möglicherweise werden sich auch die Speichermöglichkeiten so weit verbessern, daß wir Strom in großen Mengen griffbereit haben, ohne den Umweg über aufwendige Batterien oder Akkumulatoren beschreiten zu müssen.

Strom selbst kann billiger produziert werden. Ob das zukünftig mit umgebauten Generatoren heutiger Bauart geschehen wird oder ob uns die Kernfusion oder sogenannte magneto-hydrodynamische Systeme billigeren Strom liefern, weiß zur Zeit noch niemand. Aber es zeigen sich nun neue Möglichkeiten. Sie werden erprobt werden müssen.

Auch bei der Nutzung des elektrischen Stroms sind unzählige Einsparungsmöglichkeiten nähergerückt. Computer ohne Ohmsche Widerstände werden weniger Wärme erzeugen, wenn sie blitzschnell Millionen oder Milliarden von einzelnen Rechenoperationen ausführen müssen. Das gilt auch für Meß- und Schaltgeräte.

Darüber hinaus eröffnen sich Einsatzmöglichkeiten, die bislang nur mit sehr großem Aufwand zu schaffen waren. Dazu zählt die Erzeugung riesiger Magnetfelder für Forschungsanlagen, aber auch Meßgeräte für ganz, ganz schwache Magnetfelder oder Sender zur Erzeugung von Millimeterwellen. Viele andere Anwendungsgebiete werden noch hinzukommen.

Zusätzlich eröffnen die neuen Supraleiter unseren Wissenschaftlern ganz neue, tiefgreifende Erkenntnisse in den Aufbau der Materie sowie Einblicke in deren Verhaltens- und Reaktionsweisen bis hinab in den Bereich der atomaren Strukturen. Schon das heutige Wissen auf diesem Gebiet ist groß, aber es gibt noch unzählige offene Fragen. Die Supraleitung wird manches aufklären helfen.

Da es nahezu alle technischen Gebiete betrifft, sind Wissenschaftler wie Techniker von diesen neuartigen, keramischen supraleitenden Werkstoffen mit Recht begeistert. Die Erwartungen sind hoch.

2.
2. März 1987: Die Vorstellung der Zürich-Oxide

Zeitpunkt, Stunde und Ort, an dem das später als »Medientheater zur Supraleitung« bezeichnete Feuerwerk begann, liegen exakt fest: 2. März 1987, 13.30 Uhr MEZ, Vortragssaal des IBM-Forschungslabors in Rüschlikon am Zürichsee.

In der Presseeinladung vom 12. Februar hieß es lapidar: »Wir möchten Sie zu einer Pressekonferenz mit zwei Forschern aus unserem Labor einladen, denen auf dem Gebiet der Supraleiter eine bahnbrechende Entdeckung gelungen ist. Dank einer neuen Kombination, bestehend aus Kupfer, Sauerstoff, Barium und Lanthan, haben Professor Dr. J. G. Bednorz und Professor Dr. K. A. Müller die Temperaturgrenze für Supraleitung von 23 Kelvin auf 30 Kelvin erhöhen können. Wissenschaft und Technologie eröffnen sich dadurch neue Dimensionen.«

In Hetze und unter Zeitnot war rund vier Monate vorher, im Oktober 1986, bereits einmal nach Rüschlikion gebeten worden, weil die Schwedische Akademie der Wissenschaften Mitarbeitern dieser Forschungseinrichtung, dem Schweizer Heinrich Rohrer und dem Frankfurter Gerd Binnig, den Nobelpreis für Physik zuerkannt hatte.

Nobelpreisträger Heinrich Rohrer fand denn auch in den frühen Nachmittagsstunden des 2. März 1987 die richtigen Worte, das Forschungsergebnis zu charakterisieren: »Die Herausforderung, etwas ganz Neues auf die Beine zu stellen oder einfach das Unmögliche möglich zu machen. Als Triebkraft bleibt dabei für einen Wissenschaftler die Vision eines Umbruchs, eines neuen Zeitalters. Sei das von wissenschaftlicher oder von technologischer Konsequenz.«

Rohrer drückte seinen Enthusiasmus und Optimismus in

ganz wenigen Worten aus, verbunden mit seiner Freude und mit seiner Hochachtung für die erfolgreichen Forschungsarbeiten von Müller und Bednorz.

Wir Journalisten, es mögen rund fünfzig gewesen sein, hörten atemlos zu. Mancher mag in seinem »inneren« Lexikon gekramt haben, um »Supraleitung« einzuordnen und um dabei gleichzeitig die Ausführungen richtig zu verstehen. Ich war mit einem nahezu fertigen Manuskript für eine Tageszeitung nach Rüschlikon geflogen. Nun waren nur noch einige Fehler auszumerzen und wenige Ergänzungen einzuarbeiten. Das war mir deshalb möglich, weil ich seit etwa September 1986 immer häufiger Meldungen über Fortschritte in der Supraleitungstechnik gelesen hatte. Sie bestätigten die Entdekkungen von Bednorz und Müller, Supraleitung sei möglich bei Temperaturen von 35 Kelvin und mehr, ja, bis über 77 Kelvin hinaus. Also einer Temperatur, bei der supraleitende Materialien anstelle von Helium mit flüssigem Stickstoff gekühlt werden könnten.

Noch während der Pressekonferenz liefen in amerikanischen und japanischen Forschungslabors in aller Hektik Experimente, die die entscheidende »Sprungtemperatur« der jetzt als »Zürich-Oxide« bezeichneten supraleitenden Werkstoffe in immer höhere Temperaturbereiche verschoben.

Als Professor Dr. K. Alex Müller seine Erkenntnisse zur Supraleitung aus theoretischer Sicht erläuterte, schoß es mir durch den Kopf, daß diese Entdeckungen würdig seien für den Physik-Nobelpreis 1987.

Ich habe beiden, Müller und auch Bednorz, später nach der Pressekonferenz, als man sich zu Kaffee und Imbiß in der Cafeteria zusammengesetzt hatte, das auf den Kopf zugesagt. Beide waren sich der Tragweite ihrer Entdeckung voll bewußt. Aber keiner mochte sich in diesem Moment ausmalen oder gar zugeben, daß sie in so kurzer Zeit nach ihren Entdeckungen dafür honoriert werden würden. Gerade auch deshalb, weil es noch nicht einmal sechs Monate her war, daß ihre Kollegen Binnig und Rohrer für die Erfindung des Tunnel-Elektronen-Mikroskops den Nobelpreis erhalten hatten.

Die Schwedische Akademie der Wissenschaften in Stockholm hatte dabei gleich zwei Deutschen ihre hohen wissenschaftlichen Ehren zuteil werden lassen: Binnig für ein Instrument, das atomare Oberflächenstrukturen abbilden kann, und Ernst Ruska für die grundlegende Erfindung des Elektronen-Mikroskops überhaupt. Diese Erfindung liegt mehr als fünfzig Jahre zurück. Sie hat es Wissenschaftlern erlaubt, tief in den Aufbau der Materie hineinzusehen.

Ruska selber hat nach allen vergangenen Jahren kaum noch an eine derartige Anerkennung seiner Forschungsarbeiten geglaubt. Er war wohl auch ein wenig verbittert darüber, daß seine Erfindung Ende der dreißiger Jahre vom Ausland fast »übersehen« worden war. Im Rückblick mögen vielfältige politische Einflüsse gewirkt haben, um das schwedische Nobelpreis-Komitee damals von einer Anerkennung zurückzuhalten. Bei Rohrer und Binnig erfolgte eine spontane Reaktion. Und zugleich wurden auch Ruskas Entdeckungen endlich gewürdigt.

Jetzt, 1987, wurden die Entdeckungen von Müller und Bednorz in ihrer Einmaligkeit sofort akzeptiert. Nur selten waren sich die stimmberechtigten Wissenschaftler in Stockholm mehrheitlich so einig. Am 14. Oktober 1987, kurz nach 11.00 Uhr MEZ, verlautete aus Stockholm, daß Bednorz und Müller den Physikpreis für die Entdeckung ihrer »Zürich-Oxide« erhalten sollten.

Die »Zürich-Oxide«, wie sie seitdem in IBM- und in Wissenschaftskreisen gerne bezeichnet werden, sind wirklich umwälzende, neuartige Werkstoffe für die Supraleitung. Werkstoffe, an die niemand vorher so recht geglaubt hatte. Aber nun einfach zu sagen, gut, das ist eine neue Werkstoffklasse, führt an der Problematik vorbei. Müllers und Bednorz' Entdeckung reißt nämlich viele weitere Fragen über den Aufbau der Materie und besonders ihre Reaktionen auf, derer wir uns momentan noch nicht so ganz bewußt sind.

Sie reichen tief in die *Quantenphysik* hinein. Eine Physik, die in der breiten Öffentlichkeit meist nur als Begriff bekannt ist. Ihre tatsächliche Bedeutung für die Physik und für alle anderen naturwissenschaftlichen Disziplinen bleibt leider vielen heute noch verschlossen. Das muß nicht so sein. Es fehlt einfach an allgemeinverständlichen Darlegungen und Erklärungen. Der naturwissenschaftliche Unterricht unserer Schulen hat hier versagt und bedauerliche Informationslücken hinterlassen.

Im richtigen Moment das Richtige machen. Das ist das Erfolgsrezept, mit dem Müller und Bednorz gearbeitet haben. Ja, im nachhinein klingt das einfach. Aber es ist, wie sich immer wieder in der Vergangenheit zeigt, das Kennzeichen einer außergewöhnlichen Leistung, ein Zeichen der Originalität.

Müller ist ein Original. Er wirkt eher wie einer der typischen Schweizer Bergbauern, die einem zufällig auf der Züricher Bahnhofstraße begegnen. Sein enormes physikalisches Wissen und seine tausendfachen Erfahrungen sieht man ihm nicht an. Beim Reden und Vortragen reagiert er »zögerlich«, wie die Schweizer das nennen. Weil er jedes Wort, jede Aussage aufs sorgfältigste prüft, bevor und während er spricht. Als Zuhörer könnte man ungeduldig werden. Aber es zwingt zum ganz intensiven Zuhören. Und gerade in Sachen Supraleitung sind es Hunderte von Details, die es zu bedenken gilt. Müller weiß das sehr wohl. Schließlich hat er sein ganzes bisheriges Leben als Forscher an der vordersten Front physikalischer Phänomene, Erscheinungen und Beobachtungen gearbeitet. Er weiß, wie kompliziert alles ist. Und er möchte, wenn er über Physik spricht, keinen Fehler machen oder etwas sagen, was angreifbar sein könnte.

Bereits seit seiner Studienzeit an der Eidgenössischen Technischen Hochschule in Zürich, deren Abkürzung »ETH« in der Wissenschaftswelt ein besonderes Markenzeichen darstellt, zeigte er eine Vorliebe für alle Fragen zur Supraleitung. Kein Wunder, denn dieses Phänomen hängt eng mit dem Aufbau der Materie und allen Werkstoffen zusammen. Müller sagte anläßlich einer Pressekonferenz: »Ich kam schon vor einer Reihe von Jahren zu der Ansicht, daß man für neue Supraleiter bei den intermetallischen Verbindungen forschen sollte.«

Mit neuen Supraleitern meinte Müller, daß es sich um Werkstoffe handeln müßte, die höhere *Sprungtemperaturen* besitzen als metallische Legierungen. Legierungen, die seit Anfang der achtziger Jahre benutzt wurden und eine Sprungtemperatur von 23,3 Kelvin besitzen. Als Sprungtemperatur wird in der Kelvin-Temperaturskala die Temperatur definiert, an der der elektrische Widerstand eines Stromleiters schlagartig, plötzlich auf Null geht.

Mit den »intermetallischen Verbindungen« meinte Müller wiederum, daß es sich um Werkstoffe handeln müsse, die im herkömmlichen Sinn keine Metalle oder Metallegierungen sind. Werkstoffe also, die je nach Situation oder physikalischen Bedingungen entweder wie Metalle oder wie Halbleiter oder – noch weitergehend – wie isolierende Werkstoffe reagieren.

Das schier Unglaubliche der Entdeckung der supraleitenden »Zürich-Oxide« liegt genau darin. Auch die Fachwelt konnte sich bis dahin überhaupt nicht vorstellen, daß Elektronen-Mechanismen existieren, die einen Isolator plötzlich zu einem Supraleiter machen könnten. Dagegen sprachen zahlreiche physikalische Erkenntnisse.

Müller hat sich bei seinen Gedanken nie von derartigen Vorurteilen beeinflussen lassen. Er hat über viele Jahre hinweg immer das Verhalten und die Reaktionen der Elektronen im Auge behalten: Nahezu jede neue Fachinformation, jeden Sonderdruck, der ihm in die Hände fiel, durchleuchtete er auf Besonderheiten von Elektronen-Reaktionen. Gerade das Verhalten der Elektronen in den neuen supraleitenden Keramiken ist ein schlagender Beweis, daß sie auch heute noch in ihren grundlegenden Reaktionen *nur zum Teil* erforscht sind. Hier bleiben für die Zukunft sicher noch erstaunliche Entdeckungen zu machen. Müller und Bednorz haben das nun schlaglichtartig aufgedeckt.

Aus den Äußerungen, die Müller zu seiner Entdeckung macht, geht aber noch etwas anderes hervor. Ihm war das Wechselspiel der Elektronen mit den Atomen der Werkstoffe, durch die sie hindurchgleiten, geläufig. Er glaubte fest daran, daß neben den Reaktionen mit Metallatomen auch ganz spezielle Reaktionen mit Atomen anderer, nichtmetallischer Verbindungen möglich sein müßten.

Neben den Metallen gibt es ja die große Gruppe der sogenannten Halbleiter. Sie sind, je nachdem wie sie behandelt werden oder welche Fremdatome man in sie einschleust, *teilweise* stromleitend. Das soll der Begriff »Halbleiter« andeuten.

Aber *wie* sich die Elektronen im Material verhalten, ist nur in bestimmten typischen Werkstoffen untersucht. Die interessanten Fragen liegen also in der Werkstoff-Forschung. So galt es jahrzehntelang als völlig unmöglich, daß zum Beispiel organische Moleküle als Stromleiter fungieren könnten.

Heute, nach intensiver Aufklärungsarbeit, ist das keine Frage mehr. Leichte Plastikbatterien werden in wenigen Jahren auf den Markt kommen. Ihre Elektroden bestehen aus polymeren Kunststoff-Molekülen. Solche Batterien bieten wegen ihres geringen Gewichts viele energietechnische Vorteile – und sie lassen sich einfacher produzieren. Gedacht wird dabei zum Beispiel an eine Fließbandfertigung mit Spritzgußmaschinen. Ich will mit dieser Abschweifung nur andeuten, wie vielfältig Elektronen sich verhalten. Ihre kommenden »Wunder« werden uns sicher noch überraschen.

Als Wissenschaftler war sich Müller der Problematik wohl bewußt. Er suchte ständig nach einem »Schlüssel«, der ihn besseren Supraleitern näherbringen sollte. Er nennt in diesem Zusammenhang zwei Fachtagungen, die ihn in seinem Glauben bestärkten, ohne daß sie ihm die Lösung sofort präsentieren konnten.

Das eine war eine Fachtagung 1975 in Puerto Rico. Die Veranstalter dort hatten den als etwas waghalsig geltenden Versuch unternommen, zwei Gruppen von Physikern an einen Tisch zu bringen: jene, die sich mit der Supraleitung befaßten, und andere, die auf dem Gebiet der sogenannten *Ferroelektrika* arbeiteten. Müller bezeichnet sich selbst als »Ferroelektriker«, seitdem er die Laufbahn als Physiker eingeschlagen hatte.

Unter Ferroelektrika verstehen Physiker und Techniker das elektrische Verhalten von den typischen Nichtleitern des elektrischen Stroms. Von Werkstoffen oder Verbindungen also, die dem elektrischen Strom sehr hohe Widerstände entgegensetzen. Sie besitzen aber die ganz besondere Eigenschaft, daß sie nur ober- oder unterhalb einer ganz bestimmten Temperatur als Isolatoren wirken. Innerhalb dieser als »Curie-Temperatur« bezeichneten Temperaturzone leiten sie den elektrischen Strom.

Ferroelektrika besitzen außerdem besondere magnetische Eigenschaften. Ein Verhalten, das deshalb Ferromagnetismus genannt wird. Es besagt, daß – ebenfalls in einem bestimmten Temperaturbereich – piezo- und pyroelektrische Reaktionen auftreten.

Diese Reaktionen werden noch näher beschrieben, aber hier geht es vornehmlich um die Materialien, die ferromagnetisch reagieren. Hierzu zählen zum Beispiel Bariumtitanat, Bleizirkonat und einige organische Aminosäureverbindungen. Dieser Materialgruppe ist es eigen, daß sie häufig in Kristallformen der natürlich vorkommenden sogenannten Perowskite auftreten. Und das ist just diejenige Kristallstruktur, die auch die neuen Supraleiter, die Zürich-Oxide, aufweisen.

Hier schließt sich jetzt der Ring der ganz unterschiedlichen Informationen über die neuen Supraleiter. Sie haben Müller auf die richtige Spur geführt. Und im nachhinein zeigt sich, daß er schon 1975 auf der richtigen Gedankenfährte war. Er konnte sie aber bei der Fülle der möglichen Verbindungen nicht scharf genug eingrenzen, um sofort das Verhalten von Elektronenbewegungen in Perowskiten näher zu untersuchen.

Also schon lange vor den Experimenten von Bednorz hatte Müller intensiv über die Reaktionsweisen nachgedacht. Er hat die neuen supraleitenden Werkstoffe zuerst gedanklich konzipiert. Sein Verdienst liegt in seinen theoretischen Überlegungen.

Es sind Überlegungen gewesen, die sich mit sehr kompliziert aufgebauten Verbindungen und Kristallen befaßten. Die Konsequenzen und die eines Tages daraus erwachsenden technischen Produkte mögen schlicht als Supraleiter bezeichnet werden. Es handelt sich aber um Substanzen, die in der

Natur nur in Ausnahmefällen anzutreffen sind. Supraleitung ist so gesehen ein *materielles Struktur-Phänomen.*

Müller sagt, daß in den Jahren nach der Puerto-Rico-Konferenz kaum wesentliche, wichtige Arbeiten über neuere Supraleiter publiziert wurden. Er selbst fühlte sich in seinen Gedanken zwar durchaus bestärkt, aber weitere Beweise oder gar regelrechte Schlüssel fehlten ihm noch. Die kamen erst später.

Den zweiten und von ihm als besonders wichtig angesehenen Anstoß erhielt Müller, als er 1983, anläßlich einer sogenannten Sommerschule, im italienischen Erice weilte. Dort trug sein Schweizer Kollege von der Universität Basel, Harri Thomas, theoretische Überlegungen vor, die Müller die Augen öffneten: Wenn nämlich Elektronen in einem metallischen Kristallgitter sich wie Ionen, wie erheblich größere Teilchen, verhalten, dann würden sie auch erheblich größere Wechselwirkungen untereinander ausüben, als man das bislang für realistisch gehalten hätte.

Das klingt schwer verständlich und bedarf näherer Erklärungen, die im Abschnitt zu den theoretischen Grundlagen der Supraleitung noch folgen, damit Müllers Gedanken-Pfade eher verständlich werden. Er selbst sagte nach dieser Konferenz jedenfalls zu Bednorz: »Jetzt, mit dieser Hypothese, müssen Sie es einfach finden, Sie müssen!«

Bednorz begriff sofort. Mit seinen Erfahrungen war ihm klar, daß hier die Lösung lag: eine Materialzusammenstellung herauszufinden, die ähnlich den Perowskiten aufgebaut war und die wegen dieser Struktureigenheiten zu starken Wechselwirkungen von Elektronen untereinander führen müßte. Metalle kamen für beide nicht mehr in Frage, weil sie viel größere Atommassen besitzen. Nur leichtere atomare Strukturen, eben Oxide, würden danach zu größeren Wechselwirkungen der Elektronen untereinander führen.

Müller dazu wörtlich: »Das (gemeint ist das Verhalten der Elektronen im Kristallgitter) macht eine enorme Wechselwirkung.« Und genau die suchte er für die neuen Hochtemperatur-Supraleiter, um endlich die als Hürde betrachtete Grenze um 40 bis 50 Kelvin überspringen zu können.

Allen seinen Gedanken und Überlegungen liegt aber noch etwas anderes zugrunde: Es ist die bis heute noch nicht widerlegte physikalisch-mathematische Formel, die die Bedingungen festlegt, unter denen es aus quantenphysikalischen Prinzipien überhaupt zur Supraleitung bei tiefen Temperaturen kommt.

Diese mathematische Festlegung geht auf eine Gruppe von Physikern zurück, die vor mehr als einem Jahrzehnt genau den Punkt berechenbar angaben, an dem der elektrische, der Ohmsche Widerstand drastisch abnimmt. Es ist der Meßpunkt, den Physiker als »kritische Temperatur« oder, populärer, als »Sprungpunkt« bezeichnen. Formuliert wurde er von den Physikern Bardeen, Cooper und Schrieffer. Sie erhielten für diese Forschungsergebnisse über die Supraleitung 1972 den Nobelpreis für Physik. Ihre mathematische Ausformung wird seit damals auch »BCS-Formel« genannt. Sie berücksichtigt die Erkenntnisse der Quantenphysik und damit auch die Reaktionen von Elektronen in einem bestimmten Kristallgitter.

Diese Formel hat für ganze Generationen von Supraleitungs-Forschern eine feste Rechen- und Experimental-Grundlage geschaffen. Aus ihr heraus wurden diejenigen supraleitenden Metallegierungen entwickelt, mit denen die *heute gebräuchlichen* Supraleiter operieren. Dazu zählt die Legierung aus Niob und Germanium mit einer Sprungtemperatur von »schon« 23,3 Kelvin. Sie galt bis zur Entdeckung der »Zürich-Oxide« als das Material mit der bis dahin höchsten Sprungtemperatur.

Müller hatte schon früh erkannt, daß in dieser mathematischen Formel auch der Trick versteckt ist, der zu deutlich höheren »Sprungtemperaturen« führen muß. Da die Elektronendichte in metallischen oder intermetallischen Materialien nur in engen physikalischen Grenzen erhöht werden kann, setzte er auf die schwer zu definierende und auch ebenso schwer zu kontrollierende Wechselwirkung der Elektronen untereinander.

Diese größere Wechselwirkung findet sich in ferroelektrischen Materialien ebenso wie in den aus »leichteren« Atomen aufgebauten Metall-Oxiden. Sie hängt eng mit den atomaren Massen der Elektronen zusammen. Schwere Atome bewegen sich wegen ihrer größeren Masse weniger als leichte Atome. Als Müller das begriffen hatte, stand ihm der Weg zu höheren Sprungtemperaturen offen.

Müller hat diese Konzeption im wahrsten Sinne des Wortes »erdacht«. Und Bednorz hat diese Gedanken dann tatsächlich in die richtigen Materialien »übersetzen« und damit realisieren können.

Das ist das ganze Geheimnis der neuen Supraleiter aus Metalloxiden.

Professor Müller gab am 2. März 1987 in Rüschlikon auch einen Überblick über die *möglichen Anwendungsgebiete* der »Zürich-Oxide«. Er nannte aber als unabdingbare Voraussetzung, daß sie sich produktionstechnisch beherrschen lassen müßten. Weiterhin werden diese Werkstoffe nur dann ihre Vorzüge voll ausspielen können, wenn sie langlebig bleiben und nicht schon nach kurzer Zeit zerfallen.

Das sind Herausforderungen an Werkstofftechniker und Chemiker, die nicht so leicht zu erfüllen sein werden. Von heute auf morgen läßt sich das nicht schaffen. Dafür sind noch Jahre, wenn nicht sogar ein gutes Jahrzehnt an aufwendigen und zeitraubenden Forschungs- wie Entwicklungsarbeiten nötig. Dieser kostenzehrende Aufwand darf nicht unterschätzt werden. Sonst erliegt man einem Traum oder einer Euphorie, die schon in den siebziger Jahren um sich gegriffen hatte, als gerade Sprungtemperaturen zwischen fünfzehn und zwanzig Kelvin erreicht wurden.

Als mögliche Anwendungsgebiete kommen laut Müller in Frage:

- der Bau von *Hochfeld-Magneten* für physikalische Forschungsanlagen sowie Magnete für Kernfusions-Anlagen;
- der Einsatz in noch leistungsfähigere *Kernspin-Tomografen* mit einer deutlich gesteigerten Bildauflösung unter einem Millimeter;
- die Verwendung in *Quanten-Interferrometern*, abgekürzt als »SQUIDs« bezeichnet, physikalischen Instrumenten, um ganz schwache Magnetfelder ausmessen zu können;

- analoge, supraleitende Schaltelemente für die Elektronik im Bereich der sogenannten *Submillimeter-Wellenlängen;*
- *Computer-Schaltkreise,* die wegen der schnellen Schaltzeiten und der guten Kühlung bei fortschreitender Packungsdichte der Schaltelemente eingesetzt werden könnten.

Diese Aufzählung ist nicht vollständig. So erwähnte er beispielsweie nur beiläufig den *verbilligten Stromtransport* oder den Bau von *Stromgeneratoren.* Er mag seine Gründe gehabt haben, denn schließlich hatten sich um die Zeit der Pressekonferenz in Rüschlikon amerikanische Journalisten dieses Themas bemächtigt. Sie betonten besonders die Aspekte des widerstandslosen Stromtransports. Damit sollten riesige Energiemengen eingespart werden können.

In den folgenden Monaten wurde gerade dieser Gesichtspunkt in den Vereinigten Staaten wie in Japan übertrieben und euphorisch hervorgehoben. Eine derartige Begeisterung ist überzogen. Die Gründe lassen sich unschwer darlegen: Europa verfügt über ein engmaschiges Stromverbundnetz. Neue Stromtrassen mit supraleitenden Hochspannungskabeln müßten daher Einsparungen bieten, die gegenwärtig noch nicht in Praxistests ermittelt wurden. Fachleute schätzen, daß hierzu noch gut ein Jahrzehnt vergehen wird.

Unter Wissenschaftlern und Technikern ist es allerdings nicht strittig, daß die neuen supraleitenden Werkstoffe in ganz verschiedenen Bereichen eingesetzt werden können, wenn sie einmal tatsächlich zur Verfügung stehen. Aber die Reihenfolge ist doch interessant, in der sich die verschiedenen Experten dazu geäußert haben. Müller als Physiker sieht selbstverständlich zuerst Anwendungen dort, wo sie ihm, seinen Kollegen und der Grundlagenforschung nützen.

Doch weiter auf dem Entdeckungsweg der »Zürich-Oxide«. Dazu umriß Bednorz seine Forschungsarbeiten ab 1983 so: »Wir fingen an, die Eigenschaften der uns bekannten Perowskite durch Substitution von einzelnen Elementen zu beeinflussen. Die Wirkungen derartiger Substitutionen kennt man schon lange. Sie haben ja die erstaunlichen Eigenschaften der Halbleitermaterialien für die Elektronik gebracht.« Er meint damit die häufig verwendete Arbeitstechnik, in bestimmten Verbindungen einzelne Atome durch andere zu ersetzen. Das Verfahren wird »Dotierung« genannt. Dabei werden einzelne Atome in einen Kristallverband »eingeschleust«.

Das sind Verfahren, die in der Werkstoff-Technik zum Alltagsgeschäft gehören. Das Erstaunliche daran ist für Außenstehende, daß ähnliche Materialien mit anderen physikalischen Eigenschaften herstellbar werden, die das Bauprinzip der Ausgangsstoffe benutzen.

Die Grundlage ist das Kristallgitter der Perowskite gewesen. Die erstaunlichen supraleitenden Eigenschaften weisen in diese Richtung. Derzeit wagt aber kein Wissenschaftler eine wirklich neue Kristallstruktur zu definieren. Doch diese zeigen die »Zürich-Oxide«, wenn man sich den ineinandergeschobenen Aufbau des Kristallgitters modellhaft aufzeichnet. Die so entstehende Kristallstruktur ist nämlich um einiges von den Perowskiten entfernt. Einfach deshalb, weil diese in allen bislang bekannten Variationen nur bei Temperaturen in Nähe des Temperatur-Nullpunktes, also bei wenigen Kelvin, supraleitend sind.

Auch das magnetische Verhalten der Perowskite ist ganz anders, obwohl es Reaktionen gibt, die eine Verwandtschaft andeuten.

Bednorz hat seine Arbeit mit einer Verbindung angefangen, die ihm aus früheren Experimenten geläufig war. Die außerdem auch auf hohe Elektronen-Wechselwirkungen hindeutete und die in ihrer Kristallstruktur perowskit-ähnlich ist: mit dem Lanthan-Nickeloxid. »Dieses Material ist metallisch, aber ich habe das Nickel darin partiell durch andere Ionen ersetzt. Nach Dutzenden von Proben, die ich synthetisiert, analysiert und gemessen hatte, landeten wir schließlich wieder bei einer Substanz, die isolierend wurde.«

Doch das war ja nicht das Ziel der Experimente. Nach dieser Experimentalphase begann Bednorz erst einmal eine intensive Literatur-Suche und kam schließlich zu einer *Mischung aus den Oxiden von Lanthan, Barium und Kupfer.*

Bednorz hält sich in seinen Aussagen sehr zurück, warum es gerade diese Mischung war. Die Mischung, die nun als »Zürich-

Oxide« Nobel-Ruhm erlangt hat. Hier liegen viele Erfahrungen und Kenntnisse verborgen, die ein Wissenschaftler verständlicherweise nicht breittritt. Vielleicht weil sie von seinem »Gefühl« als Forscher wie seiner »Nase« als Wissenschaftler viel zuviel preisgeben würden.

Die Öffentlichkeit ist immer neugierig, noch neugieriger sind natürlich alle Kollegen im ähnlichen Forschungsgebiet. Über kurz oder lang wird es andere Forscher geben, die seine Gedanken werden nachvollziehen können.

Schon die heutigen Ergebnisse aber zeigen den Gedankenweg auf: Lanthan-Barium-Kupferoxid war bei den ersten Supraleitungsmessungen bei einer Sprungtemperatur um dreißig bis fünfunddreißig Kelvin angelangt.

Die heute intensiv untersuchten Verbindungen nach Art der Zürich-Oxide sind bei hundert Kelvin supraleitend. Sie bestehen aus *Yttrium*-Barium-Kupferoxid. Das Lanthan wurde also von Yttrium ersetzt. Auch Yttrium zählt zu den Seltenerd-Metallen wie Lanthan.

Es kommt bei derartigen Verbindungen aber nicht allein darauf an, welche Atome sich zu welchen Verbindungen zusammenfügen und kristallisieren lassen, sondern auch *wie* man das zuwege bringt. Das hängt nun wiederum von den Sintertemperaturen und den nachfolgenden temperierenden Verfahrenstechniken ab. Sie entscheiden ausschließlich über den Erhalt oder den Verlust der Supraleitung.

Bednorz führt dazu weiter aus: »Die simple Idee war, wir variieren kontinuierlich Barium und Lanthan. Damit verändern wir ja auch die Wertigkeit auf den entscheidenden Gitterplätzen der kristallinen Struktur.«

»Der entscheidende Schritt zur Herstellung der Zürich-Oxide wird eigentlich schon bei der Synthese gemacht«, sagt Bednorz heute. Die Metalloxide, Barium-, Lanthan-, Kupferoxid, müssen noch vor dem nachfolgenden Sinterprozeß in einer besonderen Form vorliegen, um zu optimalen Ergebnissen zu führen.

Bednorz bevorzugt für die Herstellung seiner keramischen Materialien den Umweg über wäßrige Lösungen. Aus ihnen

»fällt« er dann die Metalloxide durch Zugabe von Oxalsäure aus. Es ist eine gängige chemische Verfahrenstechnik, die eine ganze Reihe von Vorteilen mit sich bringt. Wäßrige Lösungen sind leicht zu handhaben und erfordern keinen großen chemischen Aufwand. Und überdies ist es auf diese Weise möglich, völlig gleichmäßig durchmischte, hochreine und zudem noch feinkristalline Metalloxide zu erhalten. Ein ganz wichtiger Gesichtspunkt, wenn es um »homogene« Werkstoffe geht, wie sie hier gerade für solche komplizierten Oxid- oder Keramik-Mischungen erforderlich sind.

Außerdem konnte Bednorz bis zum nachträglichen Sintern bei relativ niedrigen Temperaturen arbeiten. Er ging damit unerwünschten Reaktionen zwischen den einzelnen Komponenten aus dem Weg, die durchaus auftreten können. Sie würden im Endeffekt das Rohprodukt verändern.

Bednorz gibt heute leichtherzig zu: »Das war ja ein Glücksfall, denn nicht immer spielt die Chemie so mit, wie man es vorhat.«

Schließlich, nach zwei Jahren Suche, Probieren und Messen war es soweit. Bednorz konnte im April 1986 Alex Müller das ausgetestete Lanthan-Barium-Kupferoxid vorweisen. Es zeigte erstmals in der Geschichte der Supraleitung bei Temperaturen von 32 Kelvin – entsprechend minus 241 Grad Celsius – die »kritische« Sprungtemperatur.

Seit diesem Tag sprechen Müller und Bednorz von ihren neuen *»Hochtemperatur-Supraleitern«.*

Sie nannten das Material deshalb so, weil es schließlich um zehn und mehr Kelvin früher supraleitend war als die bislang bekannten metallischen Supraleiter auf Niob-Germanium-Basis.

Der gewählte Begriff hat auch heute seine Aussagekraft nicht eingebüßt. Die inzwischen bekannt gewordenen neuartigen Supraleiter sind nämlich schon um hundert Kelvin supraleitend, was einer Celsiustemperatur von minus 173 Grad entspricht. »Hochtemperatur-Supraleiter« bedeuten also Supraleitung bei »relativ« hohen »Tief-Temperaturen«, wenn diese Wortspielerei gestattet sei.

In der Physik bürgert sich mehr und mehr die Abkürzung »HT_c« ein. Dabei bedeutet das H »Hochtemperatur« und T_c die sogenannte »Kritische Temperatur«. Sie stammt wie viele andere heute benutzten physikalischen Bezeichnungen aus dem Englischen: T für »temperature«. Hier groß geschrieben, weil sie sich eben auf die absolute Kelvin-Temperaturdefinition bezieht. Und $_c$ für »critical«, also für diejenige Temperatur, an der die Supraleitung eintritt. Sie wird im deutschen Sprachraum als »Sprungtemperatur« oder als »kritische Temperatur« bezeichnet. Beide Begriffe bezeichnen jedenfalls denselben Punkt, sind also identisch.

3.
Das »Supraleitungs-Fieber« bricht aus

Für Bednorz und Müller war der 27. Januar 1986 ein Tag wie jeder andere. Morgens sollten einige Materialproben gesintert werden. Später waren routinemäßige Messungen an den Proben der letzten Wochen auf dem Arbeitsprogramm vorgesehen.

Dieser Januartag wurde für beide Forscher jedoch zu einem ganz besonderen Tag. Bednorz: »Zu Beginn der Messungen sah es aus wie sonst. Wir hatten ein Material, das eine bemerkenswerte elektrische Leitfähigkeit aufwies, aber plötzlich . . . kam beim Erhöhen der Temperaturen aus dem tiefkalten Bereich der Knickpunkt.«

Bednorz meint damit die kritische Temperatur, die, wenn die Meßapparatur vom nahen Temperatur-Nullpunkt »nach oben« gefahren wird, den »Sprungpunkt« anzeigt. Den Punkt, an dem plötzlich – wie aus dem Nichts – sich der elektrische Widerstand zeigt. Er steigt dann fast linear an und erreicht bei Raumtemperaturen schließlich so hohe Werte, daß die »Zürich-Oxide« dann als isolierendes Material gelten.

»Diese Widerstandsmessungen laufen in der Meßapparatur ja automatisch ab. In dieser halben Stunde, als das geschah und der Knickpunkt noch nicht deutlich wurde, dachte ich, das ist ja wieder das Lanthan-Nickeloxid. Es ist vielleicht mit etwas Aluminium ›verschmutzt‹. Also nichts Neues. In solchen Momenten kommen natürlich Zweifel auf. Und in dieser Stunde dachten wir, na ja, wieder das Alte.«

Beim sich klar abzeichnenden Knickpunkt aber, da war die monatelange Hoffnung wieder da. Jeder neue auf dem Schreiber auftauchende Meßwert steigerte die Spannung. »Das sah ja nicht direkt nach Supraleitung aus. Aber der Knick war doch schärfer als bei anderen Messungen, schärfer als bei anderen ›Übergängen‹. Und dann war ich schließlich sicher: Jetzt haben wir es geschafft!«

Es fällt Bednorz schwer, seine Gefühle über dieses epochemachende Ergebnis auszudrücken. Es ist schwer, Vergleiche anzubieten, die die momentan aufkommenden Gefühle zwischen Erwartung, Erfolg oder Mißerfolg richtig wiedergeben. Wer jemals in Experimenten das Resultat »kommen sah«, weiß, wie schwierig es ist, diese Augenblicke zwischen Hoffnung und Bestätigung zu erfassen.

Bednorz wußte exakt, was seine Keramiken machen sollten. Er wußte, welche Meßwerte anzeigen würden, daß Supraleitung bei höheren Temperaturen als bisher erreicht war.

Er wußte außerdem genau, welche Konsequenzen auftauchen würden, wenn ihnen beiden der Schritt aus rein hypothetischen, gedanklichen Experimenten in die Praxis gelingen würde. Das käme dann einem physikalischen »Dammbruch« gleich. Verständlich, daß ein Wissenschaftler nervös und zur gleichen Zeit unsicher ist und dementsprechend reagiert.

Die persönlichen, mündlichen Aussagen von Bednorz, die ich hier festgehalten habe, zeigen das auf. Sie belegen zudem die innere Spannung, unter der Bednorz bei seinen Arbeiten gestanden hat.

Den Beweis, daß es sich um das erdachte und gesuchte Material handelte, lieferten sofort eingeleitete Strukturuntersuchungen. Dafür benutzen Physiker die Röntgenstrahl-Analyse. Dabei kommt dann heraus, wie das kristalline Strukturgitter im groben aussieht. Ich sage hier im »groben«, weil zahlreiche weitere Untersuchungen hinzukommen müssen, um mehr Klarheit über den inneren Aufbau zu liefern. Auch heute noch, nach mehr als einem Jahr, arbeiten ganze Gruppen von Physikern und Chemikern an der Aufklärung der neuen Hochtemperatur-Supraleiter. Warum das nötig ist, soll später aufgezeigt und erklärt werden.

Bednorz und Müller reichten die Ergebnisse der Röntgen-

Struktur-Analyse zusammen mit den Widerstandsmessungen aus, um schließlich ihre Entdeckung der wissenschaftlichen Öffentlichkeit bekanntzumachen. Ihre erste Veröffentlichung erschien im August 1986. Sie war im April 1986 als Manuskript bei der deutschen »Zeitschrift für Physik – B«, beim Springer Verlag in Heidelberg, eingegangen (s. Abbildung nächste Seite).

Mehr als zwei Wochen herrschte nun Ruhe. Eine Ruhe, die Müller wie Bednorz als äußerst bedrückend empfunden haben müssen. Schließlich hatten sie einen jahrzehntelang erhofften Durchbruch in Sachen Supraleitung erzielt. Und keiner ihrer Kollegen, weder in den Vereinigten Staaten, in Japan oder in Europa reagierte so recht darauf. Warum? War der Bericht in der »Zeitschrift für Physik – B« denn nicht gelesen worden? Hielten die Kollegen das Ergebnis für falsch, oder was war eigentlich los?

»Wir hatten den Code zu neuen Supraleitern geknackt. Aber verschiedene andere Arbeitsgruppen, die an Hochtemperatur-Supraleitern interessiert waren, haben vorerst noch und trotz unserer Veröffentlichung auf weitere intermetallische Verbindungen gewartet«, sagt Bednorz. Er sucht damit die Verzögerungsreaktion zu erklären, die seit August 1986 zu beobachten war. Bednorz bemerkte später: »Das verhallte eigentlich in der Fachwelt ungehört.«

Aber dann eines Tages im November oder im Dezember – Bednorz kann sich nicht mehr genau an den Tag erinnern – kam der japanische Kollege Masahika Takashige ganz aufgeregt zu Bednorz und Müller ins Labor. Er hatte eine japanische Zeitung in der Hand und meinte: »Die Sonne ist doch in Japan aufgegangen! Japanische Wissenschaftler haben eine Sprungtemperatur von 35 Kelvin mit einem neuartigen Material erreicht.«

So lautete in etwa die Schlagzeile, die Takashige ihnen aus der japanischen Zeitung übersetzte.

Das war das Startzeichen. Gleichzeitig der Durchbruch der »Zürich-Oxide«. Und nun ging es Schlag auf Schlag. Zwischen Dezember 1986 und Mai 1987 überstürzten sich die Meldungen

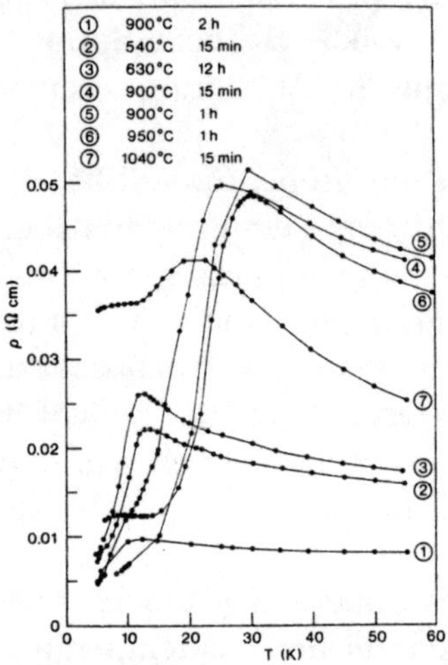

Fig. 2. Low-temperature resistivity of samples with $x(\mathrm{Ba}) = 1.0$, annealed at O_2 partial pressure of 0.2 bar (curve ①) and 0.2×10^{-4} bar (curves ② to ⑦)

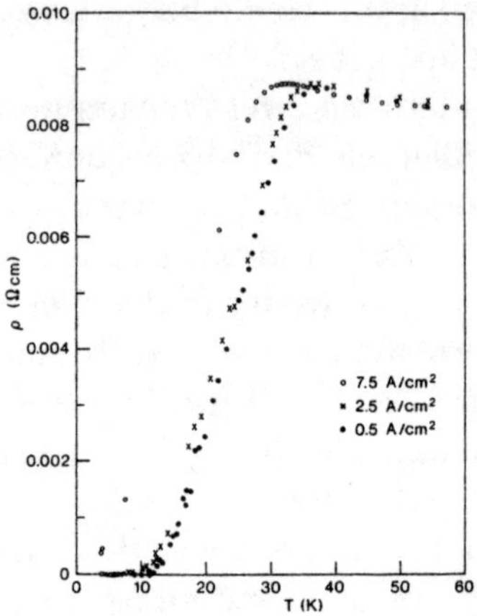

Fig. 3. Low-temperature resistivity of a sample with $x(\mathrm{Ba}) = 0.75$, recorded for different current densities

towards the 30 K region. Curves ④ and ⑤, recorded for samples treated at 900 °C, show the occurrence of a shoulder at still lower temperature, more pronounced in curve ⑥. At annealing temperatures of 1,040 °C, the highly conducting phase has almost vanished. As mentioned in the Introduction, the mixed-valent state of copper is of importance for electron-phonon coupling. Therefore, the concentration of electrons was varied by the Ba/La ratio. A typical curve for a sample with a lower Ba concentration of 0.75 is shown in Fig. 1 (right scale). Its resistivity decreases by at least three orders of magnitude, giving evidence for the bulk being superconducting below 13 K with an onset around 35 K, as shown in Fig. 3, on an expanded temperature scale. The latter figure also shows the influence of the current density, typical for granular compounds.

III. Discussion

The resistivity behaviour of our samples, Fig. 1, is qualitatively very similar to the one reported in the Li – Ti – O system, and in superconducting $BaPb_{1-x}Bi_xO_3$ polycrystalline thin films [5, 18]. Upon cooling from room temperature, the latter exhibit a nearly linear metallic decrease of $\rho(T)$, then a logarithmic type of increase, before undergoing the transition to superconductivity. One could, of course, speculate that in our samples a metal-to-metal structural phase transition occurs in one of the phases. The shift in the drop in $\rho(T)$ with increasing current density (Fig. 3), however, would be hard to explain with such an assumption, while it supports our interpretation that we observe the onset of superconductivity of percolative nature, as discussed below. In $BaPb_{1-x}Bi_xO_3$, the onset of superconductivity has been taken at the resistivity peak [18]. This assumption appears to be valid in percolative systems, i.e., in the thin films [18] consisting of polycrystals with grain boundaries, or when different crystalline phases with interpenetrating grains are present, as found in the Li – Ti – O [5] or in our Ba – La – Cu – O system. The onset can also be due to fluctuations in the superconducting wave functions. We assume one of the Ba – La – Cu – O phases exhibits this behaviour. Therefore, under the above premises, the peak in $\rho(T)$ at 35 K, observed for an $x(\mathrm{Ba}) = 0.75$ (Fig. 1), has

Abb. 1: Originalmeßkurven aus dem Aufsatz von Bednorz und Müller in der »Zeitschrift für Physik – B«.

über neue Rekorde der erreichten Sprungtemperaturen aus allen Ecken der Welt. Ein äußerst spannender Wettlauf, der schließlich auch von den Medien aufgegriffen und weitergetragen wurde.

Kaum ein wissenschaftliches Forschungsergebnis hatte in den letzten Jahrzehnten binnen weniger Wochen eine so große Aufmerksamkeit gefunden wie die Entdeckung der Zürich-Oxide. Dabei kam es häufig noch nicht einmal darauf an, ob sich die Meßergebnisse auch wiederholen ließen, ob sie einer strengen wissenschaftlichen Nachprüfung wirklich standhielten.

Anläßlich der denkwürdigen Pressekonferenz im Schweizer Rüschlikon am 2. März 1987 legten Müller und Bednorz eine Zeittafel vor. Sie beginnt 1911 mit der Entdeckung der Supraleitung beim Quecksilber durch Heike Kamerlingh Onnes. Bis 1973 steigt sie nur zäh und mühsam in den Kühlbereich von flüssigem Neon an, als es gelang, Niob$_3$-Germanium-Legierungen als Supraleiter bei 23,3 Kelvin aufzufinden.

Aber seit dem 27. Januar 1986 zeichnet sich eine »Supraleitungs-Fieberkurve« hinauf in ungeahnte Höhen der Sprungtemperaturen:

● *27. Januar 1986:* Bednorz und Müller erreichen 13,5 Kelvin mit einer Mischung aus Lanthan-, Barium- und Kupferoxid;

● *April 1986:* Bednorz kann die Sprungtemperatur auf dreißig und mehr Kelvin anheben. Müller und Bednorz geben ihre Meßergebnisse und die Zusammensetzung ihrer Metalloxide zur Veröffentlichung;

● *Anfang Dezember 1986:* Bestätigung der Ergebnisse aus Rüschlikon durch den japanischen Wissenschaftler Shoji Tanaka von der Universität in Tokyo und fast gleichzeitig durch Paul Ching-Wu Chu von der physikalischen Fakultät der Universität von Houston/Texas;

● *ebenfalls im Laufe des Dezember 1986:* Eine Physikergruppe unter Robert J. Cava und Bertram Batlog von den Bell Laboraties in Murray Hill im Bundesstaat New Jersey ersetzt das Barium und schafft mit Lanthan-Strontium-Kupferoxid Supraleitung bei rund 40 Kelvin und wenige Wochen später sogar eine Steigerung dieser Mischung auf 45 Kelvin;

● *Januar 1987:* Chu steigert die Sprungtemperatur seiner Mischung auf rund 50 Kelvin;

● *im Januar 1987* wird eine Steigerung auf über fünfzig Kelvin gemeldet, die mittels hohem Druck erreicht wurde, ein Verfahren, das auch in der Vergangenheit schon zu höheren Sprungtemperaturen geführt hat;

● *29. Januar 1987:* Chu steigert die Sprungtemperatur mit Yttrium anstelle von Lanthan auf 77 Kelvin; allerdings wird der Ersatz von Lanthan durch Yttrium erst am 16. Februar offiziell bestätigt;

● *16. Februar 1987:* Physiker der Universität von Texas in Houston und Maw Kuen Wu, von der Universität in Alabama, melden eine weitere Steigerung der Sprungtemperaturen mit einer ähnlichen Metalloxid-Mischung bis auf 93 Kelvin;

● *Ende Februar 1987* meldet Zhongxian Zhao, Physiker im Physikalischen Institut der Chinesischen Akademie der Wissenschaften in Beijing/VR China, Sprungtemperaturen von 79 bis 80 Kelvin;

● *18. März 1987:* anläßlich einer internationalen Fachtagung gibt der Physiker Constantin Politis vom Kernforschungszentrum Karlsruhe einen Sprungtemperatur-Meßwert von 125 Kelvin an. Politis experimentierte ebenfalls mit einer Oxidmischung aus Yttrium, Barium und Kupfer;

● *Ende Mai 1987* hat Chu in Houston schon 193 Kelvin erreicht, entsprechend minus 80 Grad Celsius;

● *Ende Juli 1987* meldete der Amerikaner L. Wenger eine Sprungtemperatur von 300 Kelvin;

● *wenig später* verlautete aus Indien, aus dem staatlichen Physiklabor in Neu-Delhi, eine Sprungtemperatur von 299 Kelvin, entsprechend plus 26 Grad Celsius;

● *Dezember 1987:* der Physiker Ahmet Erbil von der Universität von Georgia in Atlanta im amerikanischen Bundesstaat Georgia beobachtet Supraleitung bei 440 Grad Fahrenheit, entsprechend 226 Grad Celsius oder 499 Kelvin.

Das ist in der Geschichte der modernen Wissenschaften eine beispiellose und atemberaubende Entwicklung: In gut einem halben Jahr wurde eine Erhöhung der Sprungtemperatur von dreißig Kelvin auf Raumtemperaturen um dreihundert Kelvin registriert.

Um das so richtig zu erfassen, sollte man bedenken, daß seit der Entdeckung der Supraleitung am Quecksilber durch Kamerlingh Onnes im Jahre 1911 bis zur Entdeckung der Zürich-Oxide 1986 ein dreiviertel Jahrhundert vergehen mußte. Und in diesen Jahrzehnten schafften Wissenschaftler und Werkstofftechniker lediglich, die Sprungtemperatur von vier Kelvin auf 23 Kelvin »anzuheben«.

Dann aber ging es Schlag auf Schlag. In den Forschungslabors war eine »Supraleitungs-Hektik« ohnegleichen ausgebrochen. Ab Januar 1987 wurden fast wöchentlich neue Ergebnisse publiziert. Und ein Ende scheint immer noch nicht in Sicht zu sein.

Wen wundert es da, daß Presse und Fernsehen sich gezwungen sahen, die Hintergründe um diesen »Supraleitungs-Boom« aufzugreifen? Die Medien sind dabei leider, wie bei vielen überraschenden Entwicklungen, übers Ziel hinausgeschossen. Ihre Bilder oder Vorstellungen, daß wir morgen vielleicht schon Supraleitung im Haushalt haben würden, sind leider völlig falsch und weitgehend überzogen. So schnell können diese kürzlich erzielten wissenschaftlichen Entdeckungen nicht in die Alltagspraxis umgesetzt werden. Das schafft auch unsere dynamische Industrie nicht.

In der Folge schälten sich nun aus den laufend sich erhöhenden Sprungtemperaturen zwei Gruppen von Ergebnissen heraus:

Bis zur Jahresmitte 1987 trat eine gewisse »Stabilisierung« derjenigen Sprungtemperaturen ein, die produktionstechnisch als beherrschbar anzusehen sind. Als Werkstoffmischungen bis hinauf in den Temperaturbereich um hundert Kelvin, entsprechend etwa minus 170 Grad Celsius, scheinen Yttrium-Barium-Kupferoxide die am besten zu beherrschende Klasse zu sein.

Über diese Temperaturschwelle hinaus wurden zwar supraleitende Mischungen bis hinauf zu rund dreihundert Kelvin gemeldet. Das sind schon Temperaturen von plus 27 Grad Celsius. Temperaturen also, für die nun schon keine spezielle Tiefkühl-Apparatur mehr notwendig wäre. Wo also herkömmliche Kühlaggregate nebst einer feinen, elektronischen Regeleinrichtung ausreichen würden, um dann Supraleitung aufrechtzuerhalten.

Aber: »April, April« riefen eine Reihe von namhaften Wissenschaftlern anläßlich einer internationalen Chemikerkonferenz der amerikanischen Gesellschaft für Chemie. Sie tagte vom 30. August bis zum 4. September 1987 in New Orleans im amerikanischen Bundesstaat Louisiana. Dort hieß es zum Beispiel, daß derart hohe Sprungtemperaturen zwar gemessen worden seien, aber zum einen seien die vermessenen Materialproben nur sehr kurze Zeit, wenige Tage oder gar nur Stunden, beständig gewesen, oder aber – und das war ein weitaus gravierenderer Einwurf – es seien sogenannte Anomalien als Meßwerte verkündet worden, die sich einer Nachprüfung entzögen.

Ich habe Müller und Bednorz auf diese Sprungtemperatur-Meldungen aus Indien, vom Polytechnischen Institut der Universität Neu-Delhi, angesprochen. Die indischen Forscher hatten schon Ende Februar 1987 ihren Rekord von 299 Kelvin verlauten lassen.

Müller und Bednorz hatten schon von derart hohen Sprungtemperaturen gehört. Sie meinten aber, daß es sich doch wohl um Meß-Ungenauigkeiten der verwendeten Apparaturen handeln könne oder daß die Inder kurzfristig existierenden Anomalien aufgesessen seien. Sie wollten ihren indischen Kollegen nicht zu nahe treten. Aber sie konnten aufgrund ihrer eigenen Erfahrungen und Kenntnisse derartigen Meldungen einfach keinen Glauben schenken.

Diese Skepsis wurde auch in New Orleans deutlich. Sie wurde von den Chemikern geteilt, die sich mit ähnlichen Metalloxiden gut auskannten. Die darüber hinaus auch wußten, wie trügerisch und wechselhaft nahezu alle Metalloxid-Kristalle des schon erwähnten Perowskit-Typs sich in der Praxis gezeigt hätten.

Dennoch: Unter Physikern und Werkstoff-Wissenschaftlern gelten die heutigen Grenzen der erreichbaren Sprungtemperaturen mit Metalloxid-Mischungen durchaus als »entwicklungs- oder ausbaufähig«. Die Kernfrage ist »nur«: *Wie* macht man das?

Zweifellos wären Werkstoffe geradezu ideal, deren Sprungtemperaturen bei Raumtemperatur lägen. Vielleicht ist das aber nur ein Traum.

Erbils Beobachtungen lassen jedoch einige Zweifel aufkommen, ob es wirklich immer nur Meßfehler oder strukturelle Anomalien sind. Alle, die diese Supraleitungs-Effekte bei Temperaturen über null Grad Celsius beobachteten, nennen auch die Einschränkungen: Es sind nur Bruchteile ihrer Metalloxid-Mischungen, die diesen Effekt zeigen. Erbil nennt lediglich einen Anteil von 0,3 Prozent. Es handelt sich zumindest um Hinweise, daß die Struktur der neuen Supraleiter hier eine ebenso wichtige wie interessante Rolle zu spielen scheint.

Alle Wissenschaftler und Techniker, die sich derzeit mit der Supraleitung befassen, sind aber doch so weit Realisten, daß sie sich nicht dem Traum der Supraleitung bei Raumtemperaturen oder gar bis hinauf auf hundert Grad Celsius, entsprechend rund 373 Kelvin, hinzugeben bereit sind. Das mag an einer natürlichen Skepsis liegen. Das mag aber auch seine Ursachen in den Problemen haben, die heute noch vor einem breiten Einsatz der Supraleitung zu lösen sind.

Als solche noch nicht überwundenen Hindernisse könnten beim gegenwärtigen Stand der Entwicklungarbeiten folgende Mängel der Zürich-Oxide aufgezählt werden:

- Sie sind äußerst empfindliche Keramiken, schwierig herzustellen, und niemand kann derzeit sagen, wie beständig sie über längere Zeiträume hinweg sein werden;
- für viele technische Anwendungen reichen hohe Sprungtemperaturen allein nicht aus, sie müssen ebenfalls fähig sein, auch große Ströme »tragen« zu können;
- sie müssen weiterhin extrem starke Magnetfelder »ertragen« und weiterleiten können, um mit den »metallischen, alten« Supraleitern aus Niob, Zinn und Titan wirtschaftlich konkurrieren zu können;

- und schließlich ist es nötig, neue Herstellungsverfahren auszuarbeiten, um diese keramischen Supraleiter auch großtechnisch, zu vertretbaren Kosten, produzieren zu können.

4. Was müssen die neuen Supraleiter bringen?

Die neuen Supraleiter eröffnen Technikern wie Wissenschaftlern ein äußerst breit gefächertes Anwendungsspektrum auf vielen Gebieten, das nur schwer zu überschauen ist, weil Supraleiter ganz unterschiedliche Reaktions- und Verhaltensweisen aufweisen. Sie besitzen spezielle magnetische und elektrische Eigenschaften. Ihr Hauptvorteil liegt jedoch in Kosteneinsparungen gegenüber den schon bisher eingesetzten »alten Supraleitern«. Die Aufrechterhaltung von Temperaturen in der Nähe des absoluten Temperatur-Nullpunkts war teuer, weil mit dem flüssigen Edelgas Helium gekühlt werden mußte. Bei den neuen supraleitenden Metalloxiden verspricht die Kühlung mit dem billigeren Flüssig-Stickstoff deutliche Kostensenkungen.

Helium ist als Edelgas zwar in technisch gewinnbaren Mengen vorhanden. Aber es läßt sich wirtschaftlich nicht durch die Luftverflüssigung gewinnen. In den unteren Atmosphärenschichten finden sich allmählich nur knapp fünf Kubikzentimeter Helium auf einen Kubikmeter Luft. Insgesamt schätzt man, daß die sechzehn Kilometer dicke Erdkruste, unsere Atmosphäre und die Weltmeere lediglich rund fünf zehnmillionstel Prozent Helium aufweisen. Das Helium unserer Atmosphäre verflüchtigt sich laufend in den Weltraum, weil es kaum irgendwelche chemischen Reaktionen gibt, die es hier auf unserem Planeten zu halten vermögen.

Da selbst große Luftzerlegungsanlagen keine wirtschaftlich verwertbaren Heliummengen liefern können, hat man andere Quellen entdeckt und nutzt sie natürlich auch größtenteils. Es handelt sich dabei um große Erdgaslager, die relativ hohe Heliummengen aufweisen. Sie liegen in den Vereinigten Staaten, vor allem in Kansas, Texas und Oklahoma. In der westlichen Welt können auch Engländer und Holländer als Heliumlieferanten auftreten. Polen ist sehr reich an Helium in Gasfeldern in der Nähe von Posen. Hier beträgt der Heliumanteil sogar fast ein halbes Volumenprozent.

Man muß aber berücksichtigen, daß gerade die europäischen Gasvorkommen erst in den fünfziger Jahren entdeckt und systematisch ausgebeutet wurden. Vorher waren die Vereinigten Staaten Hauptlieferant für Helium, haben diesen Rohstoffschatz aber sehr gehütet.

Das sollte man wissen, wenn es um Anwendungen geht, in denen wie bei der Supraleitung Helium nicht nur gasförmig, sondern mit hohen Kosten auch in flüssiger Form benutzt werden soll. Der gegenwärtige Preis für tiefkaltes, flüssiges Helium liegt etwa bei achtzehn bis fünfundzwanzig Mark pro Liter. Dies sind nicht Festpreise, weil sie von den Abnahmemengen abhängen. Helium ist außerdem kostspielig zu transportieren und aufzubewahren. Möglich ist dies nur in speziell isolierten Gefäßen, die zudem mit einem Ventil ausgerüstet sein müssen, um dampfförmiges Helium entweichen zu lassen.

Derartige Kühlbehälter mit besonders starken Kälteaggregaten zum Flüssighalten des Heliums auszurüsten lohnt nur dann, wenn wirklich größere Heliummengen gebraucht werden. Das betrifft eine Reihe von Forschungsanlagen, Teilchenbeschleuniger beispielsweise, die für die physikalische Grundlagenforschung benutzt werden.

Die Begeisterung über die zahllosen Nutzungs-Möglichkeiten der Zürich-Oxide hat vielfältige Gründe. Zwar stehen Kosteneinsparungen beim Umgang mit der elektrischen Energie im Vordergrund. Aber ebenso öffnen sich andere Einsatzchancen in der Elektronik, die mit den bisherigen Techniken nur schwer oder überhaupt nicht zu erreichen waren.

Die neuen Supraleiter treten auf der anderen Seite jedoch

auch mit herkömmlichen Techniken sowie mit »alten« Supraleitern in Wettbewerb. Da diese Werkstoffe inzwischen gut beherrscht werden und dafür erforderliche Fertigungskapazitäten existieren, können sie zunächst noch kostengünstiger sein als die »neuen« Supraleiter.

Das bezieht sich beispielsweise auf alle Anwendungen der »magnetischen Kernspin-Resonanz«. Ihre englische Bezeichnung NMR *(Nuclear Magnetic Resonance)* hat sich international eingebürgert. Wenn die zu erhaltenden Signale dieser elektromagnetischen Reaktionen zu Bilddarstellungen umgewandelt werden, spricht man von »Tomografie«.

Am bekanntesten ist die Anwendung in der Medizintechnik. Die *Kernspin-Tomografie* konkurriert hier mit weiterentwickelten Röntgen- oder Ultraschall-Diagnoseverfahren. Darüber hinaus werden NMR-Geräte in verschiedenen naturwissenschaftlichen Bereichen zur Strukturaufklärung sowie zur Beobachtung von Stoffwechsel-Vorgängen benutzt.

Es muß besonders hervorgehoben werden, daß gerade die medizinische Anwendung zu einem Geschäft für die Produzenten supraleitender Drähte und Kabel sowie der Gerätehersteller geworden ist. Noch benutzen sie »alte« Supraleiter zum Bau der Hochfeld-Magnete. Heute sind diese Geräte zu einem Spezialmarkt geworden, wie ihn sich keiner der Wissenschaftler in den siebziger Jahren hätte vorstellen können. Die Hoffnungen von Herstellern wie von Medizinern richten sich auf deutliche Verbilligungen, wenn die neuen Supraleiter zur Verfügung stehen.

Hauptnutznießer der »neuen« Supraleiter wird fraglos in den nächsten zwei Jahrzehnten die *gesamte Elektronik* sein. Dabei zeichnen sich aus heutiger Sicht zwei Bereiche ab: die Erzeugung und Beherrschung ganz erheblich höherer Frequenzen im Bereiche der Millimeter-Wellen sowie die Beherrschung von sehr hohen elektrischen Strömen. Sie treten in elektronischen Schaltkreisen und Speicherelementen auf, wenn sehr große Datenmengen verarbeitet werden müssen. Schon in heutigen Großrechnern werden Stromstärken von zehntausend und mehr Ampère gemessen, die in Leiterbahnen entstehen, die nur Millimeter-Bruchteile dünn sind. Die hier auftretende Wärme stammt von Ohmschen Widerständen. Wenn diese Widerstände mit den neuen Supraleitern vermieden werden können, ergeben sich große Einsparungen beim Computer-Betrieb.

Das sind die wichtigsten wirtschaftlichen Vorteile der neuen Supraleiter. Aus technologischer Sicht eröffnen sich aber auch Anwendungen, die bislang kaum zu vernünftigen Kosten zu realisieren waren.

Noch existieren lediglich kleine Probemengen der neuartigen supraleitenden Werkstoffe. Es ist außerdem wichtig zu wissen, daß weder Wissenschaftler, Physiker, Werkstofftechniker oder Chemiker zum gegenwärtigen Zeitpunkt voraussagen können, wann sie ein beständiges neuartiges Supraleitungsmaterial so weit entwickelt haben werden, daß weitere praxisorientierte Großversuche damit unternommen werden können. Dennoch haben sie, aber auch Politiker, große Hoffnungen im Hinblick auf die vielfältigen Einsatzmöglichkeiten der neuen Supraleiter geäußert.

Die gegenwärtig verfügbaren heliumgekühlten Supraleiter aus $Niob_3$-Zinn zum Beispiel konnten ebenfalls nicht von heute auf morgen produktionstechnisch beherrscht werden. Es hat dafür mehr als zehn Jahre sehr intensiver und aufwendiger Forschungs- und Entwicklungsarbeiten bedurft. Um mit den heutigen Supraleitern arbeiten oder experimentieren zu können, war ein gewaltiger konstruktiver und fertigungstechnischer Aufwand nötig. Er resultierte schließlich in den vielfältigsten Erfahrungen mit Materialien und magnetischen Kräften.

Dieselbe Arbeit steht nun abermals bevor. Auch die neuartigen Supraleiter müssen mit Flüssiggasen gekühlt werden. Es wird aber einfacher, wenn das mit dem höher siedenden flüssigen Stickstoff zu bewerkstelligen ist.

Supraleitende Zürich-Oxide, beispielsweise aus Yttrium-, Barium- und Kupferoxid, sind allen derzeitigen Beobachtungen nach bis um hundert Kelvin tatsächlich supraleitend. Das bedeutet, daß eine Kühlung mit flüssigem Stickstoff ausreicht, um die Supraleitung dauerhaft aufrechtzuerhalten. Es ist ein sogenanntes »Technisches Gas« in flüssiger Form, das von zahlreichen Herstellern erzeugt und auf den Markt gebracht wird, denn Stickstoff ist in Hülle und Fülle vorhanden.

Er kostet in seiner flüssigen Form weniger als ein Hundertstel des bislang eingesetzten flüssigen Heliums. Wenn gar sehr große Mengen Flüssigstickstoff verlangt werden, sinken die Preise noch ganz beträchtlich. Die Hersteller technischer Gase können leicht ihre Lieferkapazität bei Bedarf an Flüssigstickstoff erhöhen. Sie gewinnen das Flüssiggas in speziellen Anlagen, die die Luft verflüssigen. Das heißt, sie zapfen die nahezu unerschöpflichen Stickstoff-Vorräte unserer Erdatmosphäre an.

Flüssiger Stickstoff als Kühlmittel für Anlagen, die mit den neuen Supraleitern arbeiten würden, bringt jedoch noch einen weiteren Vorteil mit sich. Er hat eine deutlich höhere Wärmekapazität. Das heißt im Vergleich zum Flüssig-Helium, daß kleinere Mengen Flüssigstickstoff größere Mengen an Wärme aufnehmen können.

Daher lassen sich quasi zwei Fliegen mit einer Klappe schlagen: Flüssigstickstoff ist billiger zu gewinnen und kühlt zugleich besser in dem Temperaturbereich, in dem er eingesetzt werden kann. Schließlich können die Kältemaschinen auch einfacher und billiger gebaut werden, die zum Flüssighalten des Stickstoffs im Dauergebrauch einzusetzen wären.

Das sind eindeutige Kostenvorteile. Sie schlagen jedoch nicht immer so zu Buch, wie man es nach diesen Darlegungen meinen möchte. Das liegt daran, daß es eben Anlagen gibt, in denen derartige Kälteaggregate nur einen Bruchteil der gesamten Anlagekosten ausmachen.

Es bleibt unbestritten, daß Supraleiter, die womöglich im Bereich von 220 bis 250 Kelvin funktionieren, noch größere anwendungstechnische Vorteile aufzuweisen hätten. Denn das ist dann ein Temperaturbereich, für den das noch deutlich billigere *Kohlendioxid* eingesetzt werden könnte.

Aber bis dahin kann es noch ein langer, zeitraubender und

kostspieliger Forschungsweg sein. Das muß man sich stets vergegenwärtigen, wenn von Sprungtemperaturen in diesen Größenordnungen gesprochen wird.

Alle heute näher untersuchten Materialproben zeigen darüber hinaus, daß die Zürich-Oxide oder ihre Abkömmlinge so spröde und hart sind wie Industriekeramik.

Natürlich machen Kabelhersteller wie die Hanauer Vacuumschmelze jetzt schon erste Versuche mit dem neuen Werkstoff. Weil in Übersee zahlreiche Mitbewerber genau dasselbe tun, wird über Fortschritte erst einmal geschwiegen. Nur wenn es geklappt hat, wenn der Weg zu umfangreicheren Tests offen scheint, dann wird man dies der Öffentlichkeit mitteilen. Vielleicht auch erst, wenn die hiesige gültige Patent-Auslegungsfrist abgelaufen ist und ein Patent zur Fertigungstechnik vor der Zuteilung steht.

Die Supraleitung mit den neuartigen Werkstoffen stellt einen so riesigen Markt dar, daß kein Unternehmen, das bislang hier schon tätig war, seine Verkaufschancen aufs Spiel zu setzen bereit ist. Das gilt für Europa genauso wie für Japan und die Vereinigten Staaten.

Die Begeisterung aber, die Wissenschaftler wie Techniker erfaßte, hat ganz verständliche Gründe:

- Mit Sprungtemperaturen um hundert Kelvin, entsprechend minus 173 Grad Celsius, kann endlich ein sehr *preiswertes Kühlmittel* eingesetzt werden. Es kostet lediglich noch zwanzig bis vierzig Pfennig pro Liter. Das ist ein ganz enormer Kostenvorteil für die neuen Supraleiter. Er kommt überall dort zum Tragen, wo die Betriebs- und Kältemittelkosten stark zu Buche schlagen;
- die bis heute gemessenen spezifischen, *magnetischen Eigenschaften* der neuen Supraleiter könnten nach theoretischen Abschätzungen diejenigen der heutigen metallischen Supraleiter übertreffen. Noch kann zwar kein Physiker nachprüfbare Meßwerte hoher Magnetfelddichten vorweisen, aber es wird für möglich gehalten, daß hundert oder mehr Tesla zu schaffen seien;

● mit dem geringeren Kühl- und Kälteaufwand können auch die *mechanisch-konstruktiven Anforderungen* an die Umgebung der Supraleiter verringert werden. So könnten kostengünstigere Isoliermethoden benutzt werden und beispielsweise auf kostenträchtige Vakuumumhüllungen verzichtet werden.

Diesen Vorzügen der neuen Supraleiter stehen aber auch zahlreiche, heute noch nicht überwundene Probleme gegenüber:

● Ihre *innere Struktur* ist bislang nur *unvollkommen aufgeklärt* worden. Erst wenn hier völlige Klarheit herrscht, wird man darangehen können, verläßliche Herstellungsverfahren – mit allen nötigen Überprüfungen – zu erfinden. Das kann sehr schwierig werden.

● Aus vorliegenden doch noch recht kleinen Mengen an Materialproben kann nur andeutungsweise abgeschätzt werden, wie groß die sogenannten *»kritischen Ströme«* der Zürich-Oxide sein dürfen.

Der kritische Strom gibt an, bis zu welchen Stromstärken ein supraleitendes Material tatsächlich belastet werden kann. Je höher derartige Ströme sind, desto eher eignen sich Supraleiter als Stromkabel für den Energietransport. Und weiterhin entscheiden hohe Strommengen über die erreichbaren Hochmagnetfelder. Im allgemeinen Sprachgebrauch wird anstelle des Begriffs kritischer Strom auch von *»Stromtragfähigkeit«* gesprochen. Diese ist heute, wenig mehr als ein Jahr seit Entdeckung der keramischen Zürich-Oxide, freilich noch nicht sehr hoch. Einige Wissenschaftler haben Stromdichten von rund tausend Ampère pro Quadratzentimeter messen können. Andere, besonders japanische Institute, meinen schon mehr als zehntausend Ampère bei Messungen »gesehen« zu haben. Um mit heutigen Stromkabeln mithalten zu können, sind aber zehn- bis fünfzigfach höhere Ströme nötig.

Von allen diesen Forderungen und Wünschen ist die heutige Wissenschaft noch recht weit entfernt. Auch dann, wenn sich für eine Reihe von Anwendungsspektren Lösungen abzuzeichnen beginnen.

Aufschlußreich ist zum Beispiel ein Anforderungs-Katalog des japanischen Chemiekonzerns Sumitomo vom April 1987 für seine eigenen Forschungsarbeiten, der die wichtigsten technischen Anforderungen an Hochtemperatur-Supraleiter auflistet. Dabei muß man wissen, daß der Sumitomo-Konzern wohl dasjenige fernöstliche Unternehmen ist, welches wegen seiner aggressiven Forschungsarbeiten der amerikanischen Regierung und den amerikanischen Forschungsinstituten als erkennbar gefährlicher Gegner gilt. Das japanische Unternehmen hat beim Patentamt in Tokyo bis zum September 1987 nämlich schon mehr als siebenhundert Einzelpatente angemeldet.

Im vergleichbaren Zeitraum konnte das amerikanische Patentamt in Washington dagegen lediglich zwölf Patentanmeldungen US-amerikanischer Wissenschaftler oder Forschungsinstitute registrieren. Das ist oberflächlich betrachtet ein ganz enormer Unterschied. Ob die siebenhundert japanischen Patentanmeldungen allerdings auch verteidigt werden können, wenn es um nutzbare, internationale Ansprüche geht, ist eine ganz andere Frage.

Ob diese Flut von Ansprüchen darüber hinaus auch einer wissenschaftlichen Nachprüfung standhalten kann, steht wiederum auf einem ganz anderen Blatt!

Es bleibt aber die Tatsache, daß Japan nach der Entdeckung von Müller und Bednorz jetzt intensiv bei der Supraleitung aufholen will, koste es, was es wolle!

Die *»Sumitomo-Tabelle«*, die aufgrund dieser Anstrengungen erstellt wurde, führt elf Forderungen an die neuen supraleitenden Keramiken auf. Sie werden zugleich auch den Anwendungsgebieten zugeordnet, für die diese Forderungen erfüllt werden müssen.

Werkstofftechnikern werden sich beim Lesen dieser Tabelle die Haare sträuben. Die Anforderungen gehen so weit, daß sie daran verzweifeln könnten. Dennoch sind sie völlig richtig und entsprechen genau dem, was zur Durchsetzung der Zürich-Oxide alles erreicht werden muß.

Schauen wir uns diese Übersicht einmal genauer an: Die

Anforderungsprofil an die neuen, keramischen Supraleiter

	1	2	3	4	5	6	7	8	9	10	11
Energie-Erzeugung	×	×	×	×	×	×			×	×	×
Stromversorgung/Motore	×	×	×	×	×	×			×	×	
Elektronik/Nachrichtentechnik	×						×	×			×
Weltraum-/Sensortechnik	×		×	×	×	×			×	×	×
Verfahrens-/Verarbeitungstechnik	×	×	×	×	×	×			×	×	
Medizin	×	×	×	×	×	×	×		×	×	
Forschung	×	×	×	×	×	×			×	×	×

(Zahlen:)
1 = hohe Stromdichte mit mehr als 10 000 Ampère pro Quadratzentimeter
2 = hohe magnetische Felder mit mehr als 5 Tesla
3 = gute Anschluß- und Verbindungsmöglichkeit mit anderen elektrischen Leitungen
4 = hohe Materialfestigkeit
5 = Herstellung langer Bauteile und Werkstücke
6 = Verformbarkeit ohne Sprödigkeit (z. B. zum Ziehen von Kabeln)
7 = Ablagerung in dünnen und dünnsten Schichten
8 = Möglichkeiten zur durchschlagfesten Isolierung
9 = Dehn- und Biegbarkeit
10 = mechanische Belastbarkeit
11 = Beständigkeit gegenüber Strahlungen

ersten drei Forderungen gelten den speziellen *elektromagnetischen Eigenschaften* der neuen Supraleiter. Das sind: hohe Stromtragfähigkeit, die Fähigkeit, Ströme von Hunderttausenden bis zu Millionen Ampère tragen und übermitteln zu können; zweitens: mit Magnetfeldern fertig zu werden oder sie auch erhalten zu können, die über die heutigen Höchstleistungen von rund zwanzig Tesla hinausgehen. Und schließlich die

Möglichkeit, beides, Strom wie Magnetismus, auch »anschließen und einspeisen« zu können. Also Stromanschlüsse aus oder in den normalleitenden Zustand zu bringen, um elektrische und magnetische Leistungen übermitteln zu können.

Nach den letzten Forschungsberichten aus den Vereinigten Staaten zeichnet sich ab, daß Ströme um etwa zehntausend Ampère pro Quadratzentimeter von den neuartigen supraleitenden Werkstoffen gerade noch ertragen werden. Da das Phänomen der Supraleitung sich nur in den obersten, dünnen Schichten der entsprechenden Werkstoffe abspielt, ist es schon mehr als erstaunlich, daß diese Schichten Hunderte bis Tausende von Ampère pro Quadratzentimeter aushalten.

Im Vergleich dazu: Die höchste Stromstärke, die einem Stromkabel im Haushalt zugemutet werden darf, liegt bei sechzehn bis zwanzig Ampère. Haushaltskabel werden bei derart hohen Strömen aber schon so heiß, daß man sie kaum noch anfassen kann und Angst bekommt, daß ein Brand entstehen könnte. Glücklicherweise machen schon bei neun bis sechzehn Ampère die Haushaltssicherungen nicht mehr mit. Sie springen heraus und unterbrechen den Strom. Außerdem werden nur Kabel von wenigen Quadratmillimetern Durchmesser eingesetzt. Das entspricht den zulässigen Werten von zehn Ampère in einem gummiisolierten Kabel mit einem wirksamen Querschnitt von einem Millimeter. Dabei gilt als höchste zugelassene Temperatur gerade 60 Grad Celsius.

Ein zigfach höherer Wert in hauchdünnen Schichten von weniger als einem Millimeter in den neuen supraleitenden Materialien entzieht sich einfach unserer Alltagserfahrung und unserem Vorstellungsvermögen.

Am ehesten kann man sich die riesigen Ströme vorstellen, wenn man sich einmal den Draht- und Mastenwald ansieht, der ein Kraftwerk verläßt und der mit Hochspannungsleitungen unser Land durchzieht. Dabei handelt es sich allerdings um Hochspannungs-Wechselstrom, die Energieform, die sich bis heute als das rentabelste Verfahren zum Energietransport großer Strommengen herausgestellt hat.

Die extrem großen Ströme, die uns die Supraleitung beschert

und die es zu nutzen gilt, werden bislang als Gleichstrom angegeben und gemessen. Sie können nicht mit der Wechselstromtechnik verglichen werden, weil hier ganz andere Parameter gelten.

Nicht minder schwierig ist es mit der Beherrschung von hohen Magnetfeldern. Zwar könnten nach theoretischen Abschätzungen Magnetkräfte von zweihundert bis dreihundert Tesla von den neuen Supraleitern »ertragen« werden. Noch aber existiert keine technisch-konstruktive Lösung für solche Feldstärken. Schon die heute verwendeten Magnetspulen in Teilchenbeschleunigern bestehen zu mehr als fünfzig Prozent aus stählernen Stütz- und Abschirmkonstruktionen.

Des weiteren gibt es Schwierigkeiten, supraleitende Drähte oder gar Kabel an normalleitende Kabel anzuschließen. Schon in den siebziger Jahren wurden diese Probleme für Hochspannungskabel mit großem konstruktiven Aufwand zwar gelöst, aber im Bereich der Elektronik, bei geringen Strömen, weiß noch kein Techniker eine halbwegs kostensparende Lösung anzubieten. Quarz, das meistbenutzte Halbleiter-Material, hat bei hundert Kelvin ganz andere Strom-Spannungswerte, die nicht erwünscht sind. Derzeit wagt kein Konstrukteur zu behaupten, daß dieses wichtige Problem gelöst sei. Ob es lediglich auf konstruktive Weise zu lösen ist, bleibt ebenfalls offen.

Für die meisten der ins Auge zu fassenden Anwendungsgebiete der neuen Supraleiter sind außerdem die mechanischen Eigenschaften wichtig, wenn an eine Massenproduktion gedacht wird. Hier hapert es jedoch noch an allen Enden. Die Zürich-Oxide, egal in welcher Form, ob als dünnes Schichtmaterial, noch mehr allerdings in Form von Drähten oder Platten, sind strukturell kaum mit großen Kräften zu belasten. Sie sind brüchig und spröde. Schon geringen Belastungen gegenüber geben sie nach.

Daß die Technik selbst derartige Werkstoffe beherrschen lernen kann, zeigt die Vergangenheit mit ähnlich brüchig-spröden Supraleitern. Die meisten der heute eingesetzten »alten« Supraleiter umgehen diese Schwierigkeiten. Dazu werden sie in eine elastische und verformbare Masse eingebettet. Sie besteht aus reinem oder hochreinem Kupfermetall, das sich außerordentlich gut verarbeiten läßt. Hier haben sich spezielle, exakt kontrollierbare »Ziehprozesse« bewährt. Sie entstammen der schon lange Zeit praktizierten Draht-Ziehtechnik. Damit können dann dünne Fasern von Millimeter-Bruchteilstärken hergestellt werden.

Mit dieser Verfahrenstechnik könnten auch die kommenden neuartigen Supraleiter produziert werden. Und sicher wird die Firma Vacuumschmelze GmbH in Hanau hier ein gewichtiges Wort mitreden: Sie beherrscht diese Technik in verschiedenen Variationen ja heute schon mit den sogenannten »alten« Supraleitern.

Es bleibt die Frage, ob Kupfer als Hüllmaterial auch für die neuen keramischen Supraleiter nötig ist. Vielleicht könnten dazu auch andere Metalle eingesetzt werden, die billiger sind.

Die Wünsche der Techniker in Elektronik und Elektrotechnik sind also äußerst vielfältig. Neben hauchdünnen, filmartigen Schichten und Überzügen auf Substraten wie Quarz oder Galliumarsenid sind Bänder, dickere Folien, Drähte oder feste, kompakte Körper von einigen Kubikzentimetern gefragt. Die Vielfalt hängt natürlich vom Einsatzzweck der neuen Supraleiter ab.

Aber wie schwer es sein dürfte, alle diese Wünsche zu erfüllen, zeigt das schon vorgestellte »Anforderungs-Profil«, das von Wissenschaftlern der japanischen Chemiefirma Sumitomo ausgearbeitet wurde. Dieses Schema bildet *eine* der Grundlagen der verschiedenen Forschungs- und Entwicklungsarbeiten, die unter der Koordination des japanischen Ministeriums für Technologie und Industrie – MITI – seit Mitte 1987 im Fernen Osten angelaufen sind. Dieses Profil ist dort quasi zum Forschungsmaßstab avanciert. Es macht aber auch deutlich, wie mannigfach, und damit auch wie kompliziert es in den nächsten Jahren sein wird, auch nur einige der Wünsche zu erfüllen.

5.
Die »alten« Supraleiter sind heute noch hochmodern

Wer die Bedeutung der neuen Supraleiter, der Zürich-Oxide, erfassen will, muß etwas zur Geschichte der Supraleitung wissen. Schließlich ist die Supraleitung als physikalisches Phänomen von Heike Kamerlingh Onnes, einem holländischen Wissenschaftler an der Universität Leyden, schon 1911 entdeckt worden. Über viele Jahrzehnte lang galt sie als hochinteressante Technologie, war aber bis zu den fünfziger Jahren lediglich ein sehr teures »physikalisches Spielzeug«. Die Supraleitung erlaubte wissenschaftliche Einblicke in die Struktur und die Reaktionen der Materie, besonders in die der Elektronen und des Magnetismus.

Um mit der Supraleitung zu experimentieren, war es nötig, über ausreichend große Mengen an flüssigem Helium zu verfügen. Nur beim Verdampfen dieses Edelgases können die Energiemengen genutzt werden, um Materialien, feste Werkstoffe, Metalle oder Flüssigkeiten bis ganz hinab in die Nähe des absoluten Temperatur-Nullpunktes abzukühlen.

Dadurch lagen die Kosten für umfangreiche Experimente mit supraleitenden Materialien für viele Wissenschaftler, selbst auch für viele Industrielabors zu hoch. Der Kreis derjenigen, die bis in die fünfziger Jahre Supraleitungs-Phänomene untersuchten, blieb daher klein.

In einer ganzen Reihe von Anlagen, die heute mit Helium als Kältemittel arbeiten müssen – medizinische Kernspintomografen zum Beispiel –, läßt man das Helium einfach abdampfen. Das macht man deshalb, weil die Kosten für flüssiges Helium immer noch geringer sind als diejenigen, die für ein zusätzliches Kälteaggregat erforderlich wären.

Natürlich ist das eine Verschwendung eines kostbaren Rohstoffs, der nutzlos in den Weltraum abdriftet. Aber ohne dieses Verfahren würden die Diagnosekosten zu hoch werden.

Zwar wurden seit Anfang der achtziger Jahre neuartige Kältemaschinen entwickelt, die Helium flüssig halten können, aber sie kommen erst in einigen Jahren auf den Markt. Diese Aggregate nutzen die besonderen magnetischen Eigenschaften des Seltenerdmetalls Gadolinium, um magnetisch funktionierende Kompressoren herzustellen. Dabei wird der »magnetisch-kalorische« Effekt eingesetzt, der besagt, daß ein starkes Magnetfeld ein Gas wie Helium komprimiert. Wenn das Magnetfeld fehlt oder abgeschaltet wird, dehnt sich das Gas dann wieder aus.

Mit derartigen Maschinen, die magnetisch, und nicht mechanisch, Gase komprimieren und sich wieder entspannen lassen, kann Helium flüssig gehalten werden. Leider arbeiten diese Aggregate heute erst im Bereich extrem tiefer Temperaturen. Sie würden aber ausreichen, um schon sehr kaltes Heliumgas wieder in den flüssigen Zustand zurückzubringen.

Die hohen Materialkosten für flüssiges Helium und die dafür nötige Kühlenergie waren in den siebziger Jahren der Grund dafür, daß die damals schon sehr leistungsfähigen Supraleiter heute immer noch nicht in der Praxis anzutreffen sind. Das betrifft beispielsweise supraleitende Stromkabel oder Magnetschwebebahnen, die von der Siemens AG entwickelt worden waren. Für beide Projekte haben das Bundesministerium für Forschung und Technologie und zahlreiche Konzerne in der Bundesrepublik damals viele Millionen Mark ausgegeben.

In der Eingangshalle der AEG-Hauptverwaltung in Frankfurt steht heute, hinter Panzerglas geschützt, noch ein Abschnitt eines supraleitenden Stromkabels. Die Entwicklung und der Bau derartiger Kabel war vor mehr als zehn Jahren eine technologische Spitzenleistung. Leider haben sich die Entwicklungskosten nicht rentiert. Gerade wegen der Probleme mit der Heliumkühlung und der dadurch verursachten hohen Betriebskosten waren supraleitende Stromkabel damals unwirtschaftlich.

Das gilt wohl auch heute noch. Eine Änderung könnte erst dann eintreten, wenn anstelle des teuren Heliums mit Stickstoffkühlung gearbeitet wird.

Allerdings muß erwähnt werden, daß das nur für den Stromtransport von *Wechselstrom* gilt. Alle unsere heutigen Stromkabel, vom Haushalt bis zu den riesigen Überlandleitungen, übertragen Wechselströme unterschiedlich hoher Spannungen. Wie Professor Dr. Peter Komarek vom Kernforschungszentrum in Karlsruhe zugibt, sähe es ganz anders aus, wenn man wieder auf die Übertragung von Gleichstrom zurückgehen würde. Das hat verschiedene Gründe. Ich möchte sie hier näher erläutern, weil besonders in der nordamerikanischen Presse große Hoffnungen auf die Zürich-Oxide gesetzt wurden, um große Übertragungsverluste beim Stromtransport nun endlich zu vermeiden.

Gleichstrom, der in einem metallischen Leiter fließt, hat mit dem Ohmschen Widerstand zu kämpfen, da jedes Metall einen eigenen spezifischen Widerstand besitzt. Der Widerstand wächst mit zunehmender Leitungslänge, und die Spannung »fällt« daher in Stromnetzen bis zur völligen Unwirtschaftlichkeit ab. Zudem erfordern hohe Spannungen und große elektrische Ströme sehr dicke Kabel, um die auftretende Wärme abzuführen und die Kabel nicht durchschmelzen zu lassen.

Diese Nachteile für Energie-Versorgungsnetze wurden schon vor der Jahrhundertwende durch Nutzung von Wechselstrom umgangen. Wechselstrom, ein »gepulster« Gleichstrom (englisch: *alternating current*, abgekürzt AC), umgeht die Ohmschen Widerstände. Er läßt sich auf einige hunderttausend Volt hochtransformieren, die dann große Energiemengen bei sehr geringen Stromstärken über weite Entfernungen transportieren.

Während Gleichstrom wegen des Fehlens der inneren Widerstände sich mit supraleitenden Kabeln nahezu verlustlos in großen Stromstärken transportieren läßt, spielt Wechselstrom hier nicht mit: Wegen der Schwingung, der Wechselstromfrequenz, die in unseren Netzen bei fünfzig Hertz liegt, kommt es zur Bildung von »Wirbelströmen«. Sie sind zwar geringer als die Ohmschen Widerstände, führen aber ebenso zu Verlusten in Hoch- und Niederspannungs-Netzen. Die Wirbelstrom-Widerstände verschwinden leider auch nicht, wenn diese Kabel supraleitend gemacht werden. Um sie so gering wie irgend möglich zu halten, müssen konstruktive Kniffe eingesetzt werden.

Auch hierzulande werden sehr große Hoffnungen auf Energie-Einsparungen mit supraleitenden Stromkabeln gesetzt. Sei es, um die Abhängigkeiten vom Ausland bei Energielieferungen zu verringern, sei es auch, um aus Gründen des Umweltschutzes mit weniger Kraftwerken auszukommen, weil bei einem rationelleren Umgang mit den Primärenergien weniger Öl und Gas importiert und ebenso auch weniger Kohle verfeuert werden muß.

Gerade in der Bundesrepublik Deutschland ist der Umweltschutz zu einem politisch brisanten Thema geworden. Die Energiewirtschaft ist davon stark betroffen, denn bei der Mehrzahl der Kraftwerke werden Primärenergie-Rohstoffe verbraucht, die sich nicht wieder zurückholen lassen. Ihr Wirkungsgrad ist vergleichsweise klein, weil viele Verlustquellen existieren, die bei der gegenwärtigen Technik nur schwer auszumerzen sind.

Die Supraleitung könnte hier natürlich große Vorzüge in die Waagschale werfen. Die Stromerzeugung und der Stromtransport wären bei einer Verringerung der verschiedenen elektrischen Verluste durchaus in der Lage, recht erhebliche Einsparungen zu erwirtschaften. Und schon Einsparungen bis zu zehn Prozent erbringen beachtliche volkswirtschaftliche Kostenreduzierungen. Dies gilt besonders dann, wenn es gelingen sollte, mit den neuen Supraleitern einige Kohle- oder Ölkraftwerke abzuschalten oder nach Ablauf ihrer Lebenszeit nicht mehr durch neue abgasbeladene Anlagen zu ersetzen.

Das öffentliche Interesse ist gerade bei diesem Problemkreis zukünftiger Einsparungsmöglichkeiten hellwach. Zu tief verwurzelt sind in unserer Bevölkerung noch die Zeiten der Energieknappheit. Das gilt für die Zeit vor der Erschließung der großen Kohlenvorkommen im Ruhr- und im Saargebiet. Und ebenso für die drastischen Beschränkungen während und nach den beiden Weltkriegen. Wer immer gezwungen war, sein Brennmaterial im Wald zusammenzusammeln oder sich »irgendwie« Kohle zu »organisieren«, kann sich heute, beim existierenden Energieüberfluß, natürlich freuen. Aber im Inneren bleibt den Menschen seit den Anfängen der Kultur die Angst erhalten, Energiemangel zu erleiden.

Dieses Gefühl, verbunden mit der Furcht, wir könnten unsere Umwelt durch die Nutzung der technischen Möglichkeiten über Gebühr strapazieren, ist wohl das Grundmotiv, das in allen umweltpolitischen Diskussionen durchklingt. Es ist nicht unbegründet. Es ist aber auch abzubauen. Neuere technische Verfahren und Arbeitsweisen zeigen, wie eine verbesserte Technik dieses Angstgefühl abbauen kann. Auch daher ist die Öffentlichkeit von den vielfältigen Chancen so beeindruckt, die die neuartigen supraleitenden Werkstoffe anzubieten haben.

Mit einem sparsameren Einsatz der vorhandenen Energien verringern sich natürlich auch Schadstoff-Ausschüttungen. Das wird in zweifacher Hinsicht heute von Bedeutung:

- Die energieerzeugenden Unternehmen müssen nicht mehr so hohe Kosten aufwenden, um die Schadgase zurückzuhalten, weil sie mit wenigeren Kraftwerken auskommen können;
- die Menge des gefährlichsten Schadgases in unserer Atmosphäre, das Kohlendioxid, wird verringert. Es wird bei allen Verbrennungsvorgängen frei: aus Kohle-, Gas- oder Ölkraftwerken, in der Stahlindustrie sowie aus allen Verbrennungsmotoren.

Wissenschaftler, die sich mit chemischen Vorgängen in unserer Atmosphäre befassen, haben herausgefunden, daß alle Industrieländer den Ausstoß von Kohlendioxid sehr kurzfristig reduzieren müssen. Andernfalls droht uns in wenigen Jahrzehnten eine drastische Klimaveränderung. Die Wissenschaftler bezeichnen dies als »Treibhaus-Effekt«. Er kann den Anstieg des Meerwasserspiegels mit sich bringen, die heute schon vorhandenen Wüstenregionen nach Norden und Süden weiter ausdehnen und die Luftströme, die uns das gegenwärtige Klima bescheren, durcheinanderbringen.

An diesen schwer zu bewältigenden Zukunftsproblemen wird sofort klar, daß die Supraleitung uns Entlastungen bringen kann. Je früher das geschieht, desto besser.

Nach den heute vorliegenden Erfahrungen mit supraleitenden Kabeln aus Niob-Legierungen wird es allerdings noch recht lange dauern, bis die »neuen« supraleitenden Werkstoffe in die Praxis einziehen können. Für großtechnische Anwendungen, wie Energiekabel oder Stromgeneratoren, ist es noch nicht abzusehen, wann Zürich-Oxide eingesetzt werden können. Gerade jetzt erst beginnen nämlich »alte« Supraleiter mit ihren ersten Gehversuchen:

Es handelt sich dabei um *Wechselstrom-Generatoren, deren Läufer-Wicklungen aus supraleitenden Niob-Titan-Kabeln* bestehen. Sie werden mit flüssigem Helium gekühlt. Wegen der höheren magnetischen Felder können mit solchen supraleitenden Spulen Kostenreduzierungen erreicht werden. Diese Generatoren sind bei vergleichbaren Leistungen kleiner und damit auch billiger. Andererseits können bei gleicher Baugröße wie bisher höhere Leistungen erreicht werden, wodurch bei gleichem Energieeinsatz eben auch größere Strommengen produziert werden.

Das gilt im generellen als Prinzip. In der Praxis kommen jedoch noch zahlreiche Anforderungen hinzu, die erfüllt werden müssen. Sie gehen auch in die Kalkulation ein und müssen bedacht werden, wenn die Supraleitung zur rentableren Stromerzeugung herangezogen werden soll.

So muß zum Beispiel der Läufer, das ist der sich drehende Teil des Stromgenerators, ständig mit flüssigem Helium versorgt werden. Er muß außerdem besonders gut gegen alle äußeren Wärmequellen abgeschirmt werden. Schließlich muß das Helium, das bei großen Generatoren für Kraftwerke in erheblichen Mengen gebraucht wird, wieder gekühlt und verflüssigt werden.

Nach mehrjährigen, zögerlichen Anläufen hat 1987 die Siemens-Tochter Kraftwerks Union AG einen solchen supraleitenden Generatorläufer gebaut. Probeläufe sollen nun folgen.

Anläßlich der europäischen Konferenz zur »neuen« Supraleitung in Genua vom 1.–3. Juli 1987 hielt sich ein Wissenschaftler der Siemens AG mit seiner Beurteilung aber noch sehr zurück. Er sagte lediglich recht vage, daß Stromgeneratoren bei Heliumkühlung im Bereich von vier Kelvin kostenmäßig in etwa mit den heutigen Generatoren gleichziehen, die 600 bis 850 Megawatt liefern.

Das Bundesministerium für Forschung und Technologie hat dem Milliarden-Konzern dafür zusätzliche Forschungsmittel in Höhe von 23 Millionen Mark zugeschossen. Aus heutiger Sicht sicherlich eine langfristig gedachte Unterstützung, die sich bei der Nutzung der kommenden »neuen« Supraleiter noch auszahlen wird. Ein recht hocherscheinender Betrag, der aufzeigt, daß die heutige wie die künftige Supraleitungs-Technik nicht billig zu haben sein wird.

Ein wenig anders sehen es britische Kollegen. So berichtete auf dieser europäischen Konferenz Dr. A. D. Appleton von der NEI, einem Forschungslabor in Newcastle upon Tyne, von Versuchen mit heliumgekühlten Motoren und Stromgeneratoren in den siebziger und achtziger Jahren. Nach Appletons Bemerkungen über die Ergebnisse ihrer Entwicklungsarbeiten würden Wechselstromgeneratoren mit Heliumkühlung den Wirkungsgrad lediglich um 1,6 Prozent erhöhen. Appleton gibt jedoch zu, daß nur Versuche mit recht kleinen Generatoren in der Praxis unternommen wurden. Man experimentierte mit Ausgangsleistungen von 2,5 und 25 Megawatt. Dies sind vergleichsweise geringe Leistungen gegenüber dem letztjährigen KWU-Generator-Läufer.

In Großbritannien wurden die mit staatlichen Mitteln finanzierten Versuche leider Ende der siebziger Jahre wegen Etateinsparungen eingestellt. Insofern stehen die KWU-Versuche jetzt ungeteilt im Interesse der westeuropäischen Techniker.

Das amerikanische Naval Research Institute in Washington hat auch schon seit den siebziger Jahren Motoren- wie Generatoren-Konstruktionen mit heliumgekühlten Supraleiter-Spulen bauen lassen. Die Leistungsklassen derartiger Aggregate lagen bei zweitausend bis dreitausend Megawatt-Maschinen. Das Konstruktionsprinzip findet sich auch in der KWU-Maschine wieder: Der sich drehende Läufer wird in einer Vakuumkapsel untergebracht, mit flüssigem Helium gekühlt und mit zusätzlichen Isolierungen versehen.

Der Wirkungsgrad dieser Großgeneratoren liegt mit rund 99,2 Prozent äußerst hoch. Wenn Wartungsfreiheit und ein einfacherer Aufbau hinzukommen könnten, würden zahlreiche Kraftwerke und Elektrizitätsversorgungsunternehmen sicher in naher Zukunft derartige Generatoren auch einsetzen wollen.

Man muß allerdings bedenken, daß derartige Maschinen nur in sehr kleinen Stückzahlen in Europa gefragt sein werden. Ein Riesengeschäft würden derartige supraleitenden Generatoren also nicht. Dennoch setzt zum Beispiel die französische Anlagenfirma Alsthom recht gezielt auf derartige Generatoren. Das ist verständlich, denn dieses Unternehmen beliefert fast alle französischen Kernkraftwerke mit Stromgeneratoren. Einsparungen, die die französische »Electricité de France«, abgekürzt EDF, in ihren Dutzenden von Kernkraftwerken mit den Generatoren erzielen kann, summieren sich dann ganz schön auf. Sie könnten es dem Unternehmen erlauben, seinen Strom noch billiger als bisher in Europa anzubieten.

Ähnlich aktiv sind die Techniker in Japan und der Sowjetunion. Beide Länder haben wegen ihrer aufstrebenden Industrialisierung Probleme mit einer ausreichenden und verläßlichen Energieversorgung. Während die UdSSR derzeit noch keine Elektroenergie exportiert, suchen gerade große japanische Konzerne ihr maschinenbauliches Know-how über preiswerte Aggregate auf den Weltmarkt zu bringen. Die Japaner werden sicherlich in höchstens zehn Jahren ihre Generatoren mit supraleitenden und damit kostensparenden Wicklungen ausrüsten und auch auf dem Weltmarkt anbieten. Dadurch könnten japanische Konzerne so enorme Produktions-Kenntnisse erwirtschaften, daß ihnen amerikanische oder auch deutsche Mitbewerber kaum etwas anhaben können.

Dabei wird es nicht einmal wichtig sein, ob diese Aggregate Gleich- oder Wechselstrom liefern. Einige Spezialindustrien wie die Aluminium- oder die Papierindustrie, die für ihre Produktionen schnell sehr große Mengen von elektrischem Gleichstrom benötigen, könnten mit mittelgroßen Generatoren ihren eigenen Strombedarf relativ preiswert decken. Sie wären dann von regionalen Lieferverträgen aus Verbundnetzen unabhängig. Auch in diesem Absatzbereich werden Generatoren nicht in großen Stückzahlen zu verkaufen sein. Aber wo Kostenvorteile winken, werden sich diese Unternehmen wohl überlegen, ob sie nicht mit moderneren Techniken sich ihren eigenen etwas billigeren Strom erzeugen.

In den Vereinigten Staaten hat man sehr wohl begriffen, daß die Japaner erneut zum Überholen ansetzen. Durch staatliche Finanzhilfen und restriktive Maßnahmen möchte man schon heute, wo noch keine der japanischen Generatoren angeboten werden, vorbeugen.

In Europa wird das schwieriger sein. Hier scheint sich eher eine Kooperative zwischen deutschen, britischen und französischen Firmen im Rahmen von Programmen der Europäischen Gemeinschaft anzubahnen. Schon deshalb, um gemeinsam einem Druck aus Japan besser standhalten zu können. Dieses Rennen um die Anwendung der gegenwärtigen Supraleitungstechniken ist schon voll im Gange. Es vollzieht sich noch ohne öffentliche Beachtung, aber es kann ganz erhebliche Wirkungen auf die Industrienationen haben, weil nun alle »Betroffenen« versuchen müssen, die neuartigen Supraleiter im Großgeschäft der Energie einzusetzen.

Hier diktieren Kosten-Nutzen-Relationen den Konkurrenzkampf. Wenn heliumgekühlte, supraleitende Generatoren Vorteile erbringen, wird man sie nun nicht mehr so zögernd einzusetzen versuchen. Alle bisherigen Experimental-Maschinen waren noch relativ klein. Sie lagen zwischen etwa fünf bis knapp hundert Megawatt. Die Kraftwerks-Union hat nun mit ihrem 600- bis 850-Megawatt-Aggregat eine wichtige Hürde übersprungen.

Dabei ist es interessant zu wissen, daß der zusätzliche Aufwand für die Heliumkühlung, der Einschluß in einen Vakuumbehälter und die erforderlichen Isolierungen, um keine unerwünschte »Wärme« von außen in den Rotor gelangen zu lassen, im Vergleich zu den Gesamtkosten dieses Versuchsgenerators nicht einmal so wichtig sind. Dieser Aufwand macht nämlich nur rund fünf Prozent aus.

Das ist ein sehr wichtiger Gesichtspunkt, der überall dort Gültigkeit hat, wo neue oder alte Supraleiter mit herkömmlichen Techniken verglichen werden. Wie Professor Komarek hervorhebt, müssen sich neue Techniken tatsächlich »rechnen«. Und dann kann es durchaus sein, daß die herkömmlichen Techniken oder auch der Einsatz von heliumgekühlten »alten« Supraleitern heute und in wenigen Jahren noch vorteilhafter bleiben, als auf die »neuen« Supraleiter zu setzen und erst mal abzuwarten.

Etwas anders sieht es bei den *Stromkabeln* aus. Sie transportieren mit hohen Spannungen große Strommengen. Die Hochspannungsmasten sind zahlreichen Umweltschützern ein Dorn im Auge, aber bislang noch der preiswerteste Weg, elektrische Energie an Ballungsgebiete und Städte heranzuführen. Ihrer weiteren Ausbreitung sind jedoch Grenzen gesetzt. Daher haben einige Stromversorgungsunternehmen auch den technischen Kniff benutzt, mit immer höherer Spannung zu operieren. Unsere heutigen europäischen »Energiestraßen« arbeiten daher im Bereich von 350 000 bis 480 000 Volt. Noch höhere Spannungen sind denkbar und werden geplant.

Erdkabel, die derart große Energiemengen übertragen können, werden an geeigneten Stellen auch heute schon eingesetzt. Sie sind wegen der Kühlung mit Öl oder Wasser beim heutigen Kostenniveau aber teurer als die gegenwärtig benutzten Freileitungen.

Schon in den sechziger Jahren suchte die Elektroindustrie mit Hilfe der Supraleitung von Freileitungen loszukommen. Nicht wegen der Veränderung im Landschaftsbild, sondern in erster Linie, um Verluste, die bei Hochspannungs-Freileitungen auftreten, aus Rationalierungsgründen zu verringern.

Damals mußte mit Netzverlusten um rund fünfzehn Prozent der erzeugten Strommengen gerechnet werden.

Dieser Verlust beträgt heute zwar nur noch etwa fünf Prozent, ist aber immer noch recht hoch und scheint auch mit neueren technischen Lösungen kaum weiter zu verringern zu sein. Grund genug also, supraleitenden Kabeln nun wieder näherzutreten.

Auch in England sind Versuche mit supraleitenden Kabeln gemacht worden. Sie sollten hauptsächlich in Ballungsgebieten eingesetzt werden. Aber wie auch in der Bundesrepublik nahm man gegen Ende der siebziger Jahre Abstand von weiteren Versuchen: Der Nutzen, die Verringerung der Netzverluste, war wegen des Aufwandes, mit dem diese Kabel gebaut werden mußten, gegenüber öl- oder wassergekühlten Kabeln nicht groß genug.

Einzig in den Vereinigten Staaten ließ man sich nicht beirren und experimentierte weiter. Dort kam auch noch ein anderes Problem hinzu, das den Einsatz von Erdkabeln förderte: Amerikanische Grundbesitzer sind äußerst empfindlich gegenüber Eingriffen in ihre Ländereien. Das gilt auch für Hochspannungs-»Straßen«. Sie verlangten von den zuständigen Versorgungsunternehmen happige Abfindungen, weil sie – in landwirtschaftlich genutzten Gebieten – nicht mehr so gut mit ihren riesigen Bodenbearbeitungs- und Ernte-Maschinen arbeiten können.

Erdkabeln gegenüber waren sie dagegen weniger abgeneigt. Die amerikanische Gesetzgebung hat auf die Eigentumsrechte seit eh und je große Rücksicht genommen. Sie kennt nicht die Vorzugsrechte, die die europäischen Elektrizitäts- und Versorgungsunternehmen genießen. Daher ist die Bereitschaft amerikanischer Versorgungsunternehmen, Erdkabel einzusetzen, auch erheblich höher als die ihrer europäischen Kollegen.

Anders sieht es in Japan aus, weil Japan ein sehr gebirgiges Land ist. Überlandleitungen, wie sie bei uns mit recht geringen Installationskosten errichtet werden können, sind dort erheblich teurer. Da kann es im Endeffekt billiger sein, Erdkabel ein einziges Mal zu verlegen, die dann für mehrere Jahrzehnte so gut wie keine Wartungs- oder Reparaturarbeiten erfordern. Trotzdem sind diese Kosten auch für japanische Verhältnisse sehr hoch. Und daher denken japanische Versorgungsunternehmen eher an eine Ausweitung ihrer Netze mit supraleitenden Erdkabeln.

Dort wie in den Vereinigten Staaten laufen zahlreiche Praxistests mit den neueren, heliumgekühlten Supraleitern aus einer Legierung von $Niob_3$-Zinn. So hat die amerikanische Energiebehörde, das Department of Energy, dem staatlichen Forschungsinstitut »Brookhaven National Laboratory« den Auftrag erteilt, mit den Helium-Supraleitern eine Erdkabelstrecke zu entwickeln und zu testen.

Nach allen heute vorliegenden Berichten war das Kabel ein voller Erfolg. Es ist in der Lage, Wechselstrom in Größenordnungen von 138 Kilovolt bis hinauf zu fast 1500 Mega-Volt-Ampère über eine Strecke von rund zehn Kilometern nahezu verlustfrei zu übertragen. Wie groß dabei die Einsparungen sind, ist derzeit noch nicht herauszubekommen. Das liegt daran, daß die Versuche noch laufen und daß man besonders die wechselnden Belastungen und Anforderungen an dieses Kabel nur über einen längeren Zeitraum hinweg beurteilen kann. Daß Verbilligungen zu erwirtschaften sein werden, steht aber heute schon außer Frage.

Das konnten nämlich schon die Engländer mit ihrem wesentlich leistungsärmeren Kabel nachweisen. Nach Appleton war nämlich das dort installierte supraleitende Kabel beim Kostenniveau von 1975 um gut neunzig englische Pfund pro Kilometer vorteilhafter als ein vergleichbares öl- oder wassergekühltes Erdkabel. Dabei experimentierten die Engländer mit höheren Spannungen, nämlich mit vierhunderttausend Volt, und übertrugen Strommengen im Bereich von fünf Giga-Volt-Ampère auf einer Gesamtstrecke von etwa dreißig Kilometern.

Eigentlich hätte schon Mitte oder Ende der siebziger Jahre den Elektrizitätsversorgungsunternehmen mit diesen heliumgekühlten Erdkabeln ein Licht aufgehen müssen. Dazu kam es aber weder im Inselreich noch hier auf dem Kontinent. Wissenschaftler wie Techniker erklären sich das nur mit den sinkenden Preisen, die damals für Primärenergie aufzuwenden waren. In Großbritannien kommt noch hinzu, daß die damals erschlossenen Nordseefelder ihnen sehr preiswertes Erdgas und Erdöl lieferten. Dieser Energiereichtum geht aber allen Abschätzungen zufolge in wenigen Jahrzehnten zu Ende. Und was dann?

Es ist aus heutiger Sicht offensichtlich, daß wohl alle europäischen Versorgungsunternehmen nur zu kurz- bis mittelfristigen Planungen fähig sind. Nur so ist es zu erklären, daß sie lieber weiterhin steigenden Energiebedarf prognostizieren, der mit steigenden Investitionen verbunden ist, als daß sie das Potential intensiver untersuchen, das den Verbrauchern zu verringerten Energiekosten verhelfen könnte. Die Industrie, die sehr wohl weiß, wie Energiekosten auf ihre Endpreise drücken, ist hier ein »härterer« Verhandlungspartner. Dennoch sind auch viele Einzelhaushalte heute bereit, energiesparende Geräte einzusetzen. Die sich deutlich abschwächende Strom-Verbrauchskurve signalisiert das augenfällig.

Leichter tut man sich beim Einsatz der gegenwärtig verfügbaren »alten« Supraleiter. Sie werden derzeit in zwei Bereichen verwendet: *in medizinischen Diagnosegeräten und in Forschungsgeräten für die physikalische Grundlagenforschung.*

Den Wissenschaftlern gelten die medizinischen Kernspin-Tomografen geradezu als Paradebeispiel, daß während der Entwicklungszeit neuer Technologien plötzlich ganz neue, nicht erwartete Anwendungen auftreten.

Das sehr aufwendige Verfahren der Kernspin-Tomografie hat wohl auch nur deshalb so schnell akzeptiert werden können, weil Röntgengeräte kaum eine Alternative darstellen. Da heute ausreichende Mengen an supraleitenden Kabeln verfügbar sind, können einige wenige Firmen derartige Geräte nun auch in steigenden Stückzahlen produzieren.

Es sind Kabel, die zumeist aus Niob-Titan-Legierungen bestehen, die in eine Trägersubstanz aus hochreinem Kupfermetall eingeschlossen werden. In der Bundesrepublik Deutschland produziert die Siemens-Tochter Vacuumschmelze in Hanau, abgekürzt VAC, solche Kabel in Serie. Sie baut außerdem auch viele andere supraleitende Kabel für Forschungsinstrumente und Anlagen zusammen. Nach Aussagen ihres Geschäftsführers Guenther Lenhard führt die VAC weltweit im Bereich der hochmagnetischen Supraleiter aus $Niob_3$-Zinnlegierungen. Das sind genau diejenigen »alten« Supraleitungs-Legierungen, die in den Wicklungen für Stromgeneratoren, mehr noch aber für Hochleistungsmagnete in Forschungsanlagen oder für Stromkabel zur Zeit erprobt und eingesetzt werden. Dieses deutsche Unternehmen hat daher sehr gute Chancen, im Supraleitungs-Rennen einen der vordersten Plätze einzunehmen.

Die Vacuumschmelze hat zudem sehr viele Forschungsanlagen im In- und Ausland mit ihren supraleitenden Spezialkabeln beliefert. Das betrifft etwa die Hamburger Forschungsanlage DESY, das europäische Forschungszentrum CERN, amerikanische sowie japanische Forschungseinrichtungen.

Aber bei diesen Anlagen schon von einem Markt zu sprechen ist sicher unrichtig. Um derartig komplizierte und von Anwendungsfall zu Anwendungsfall wechselnde supraleitende Kabel und Bauteile für Hochleistungsmagnete herzustellen, ist schon eine besondere Flexibilität erforderlich. Es zeigt aber, daß selbst mit völlig neuen Technologien Geschäfte gemacht werden können, wenn nicht nach kurzfristigen Erfolgen geschielt wird, sondern langfristig operiert werden kann.

So verbessern sich die Verkaufsaussichten gerade der medizinischen Diagnosegeräte schon in naher Zukunft recht auffällig. Dafür sind zwei Gründe maßgebend:

- Die Kernspin-Tomografie kann auch für zahlreiche andere Forschungsgebiete von sehr hohem Nutzen sein. Das gilt für die Biologie, die Werkstoff-Erforschung und die Chemie. Generell gesagt: in allen Bereichen, in denen Atome in starken Magnetfeldern mit hohen Frequenzen anregbar sind. Und das trifft nicht nur für den leichten Wasserstoff, sondern auch für phosphor- und stickstoffhaltige organische Verbindungen zu.
- Noch sind die medizinischen Geräte sehr teuer. Unter zwei Millionen Mark ist nichts zu machen. Durch die steigen-

den Produktionszahlen ergeben sich aber Einspareffekte, die durch den internationalen Wettbewerb verstärkt werden. Das führt zu einem erschwinglicheren Preisniveau, wenn wiederum mehr Instrumente für Forschungszwecke verkauft werden. Mit den Supraleitern öffnet sich nun eine weitere Verbilligungsmöglichkeit, wenn anstelle des teuren Heliums Flüssig-Stickstoff verwendet werden wird.

Dabei können vor allem die Herstellungskosten gesenkt werden. Wegen der Temperaturen um hundert Kelvin, dem Bereich, in dem die Zürich-Oxide funktionieren, können die Isolierungen geringer dimensioniert werden. Der gesamte Aufbau wird einfacher und damit billiger.

Als Zeitraum für diese Fortentwicklung rechnen Werkstofftechniker wie auch Wissenschaftler mit einer sehr langen Zeit. Sie kann bei optimistischer Abschätzung gut fünf Jahre betragen, realistischer sind jedoch zehn Jahre.

Das wird verständlich, wenn man sich einmal den komplizierten mechanischen Aufbau eines Kabels ansieht, das für den Elektronenbeschleuniger DESY entwickelt wurde. Das gilt aber auch für die »alten« supraleitenden Kabel, mit denen das amerikanische Projekt des »Superconducting Super-Collider« (SSC) für die Magnetspulen ausgerüstet werden wird. Ein Beschleunigerring, der einen Durchmesser von 48 Kilometern aufweisen soll und mit dem amerikanische Physiker sich wieder an die Weltspitze in der Erforschung kleinster Teilchen zu setzen hoffen.

Das Projekt wurde Anfang der achtziger Jahre in Angriff genommen. Es soll im amerikanischen Bundesstaat Illinois verwirklicht werden, wenn die Finanzierung aus staatlichen und privaten Mitteln gesichert ist. Inzwischen hat es eine Verzögerung gegeben, weil Beamte, nach Bekanntwerden der Forschungsergebnisse in Rüschlikon, verständlicherweise nachfragten, ob der hohe Aufwand, der für die Heliumkühlung dieses Monster-Beschleunigerrings erforderlich wird, nicht inzwischen überholt sei.

Für die betroffenen Physiker war das eigentlich keine Frage, denn die neuartigen Supraleiter stehen heute und in wenigen

Jahren noch nicht zur Verfügung. Aber in den Vereinigten Staaten war das Außenstehenden eine Reihe von Monaten nicht verständlich zu machen: »Wenn etwas erfunden ist, muß es doch auch produziert werden können!« Inzwischen haben sich die Gemüter beruhigt. Die gigantische Anlage soll nun doch verwirklicht werden, und sie wird mit der heutigen »alten« Supraleitungstechnik gebaut. Obendrein möchten die Projektleiter mit $Niob_3$-Zinn-Legierungen arbeiten, dem zur Zeit leistungsfähigsten Supraleitungs-Metall. So wird es auch nicht nötig werden, völlig neue Kalkulationen aufzustellen. Ob sich ein derartiger Beschleunigerring rentiert, wagt heute niemand zu sagen.

Auch in Europa beschäftigt man sich intensiv mit Forschungsanlagen, die nur mit extrem hohen Magnetfeldern zu neuen Erkenntnissen führen werden. Hier geht es vornehmlich um neue Versuchs- und Experimentalanlagen der *Kernverschmelzung*. Die riesige Anlage, die in einem mehr als turnhallengroßen Gebäudekomplex in Culham/England errichtet wurde, hat nach zahllosen Versuchen eigentlich ausgedient. Für diese »Tokamak-Konzeption« standen supraleitende Magnete noch nicht zur Verfügung, als sie Ende der siebziger Jahre errichtet wurde.

Jetzt sieht es anders aus. Nach den Plänen und Vorstellungen der europäischen Atomenergie-Kommission wird es Zeit, eine neue Experimentalanlage zu errichten. Die Bezeichnung liegt heute schon fest. Sie soll NET heißen: »*N*ew *E*uropean *T*orus«.

In Karlsruhe, wo die deutsche Projektgruppe für derartige Vorhaben etabliert wurde, aber auch in Hanau, bei der Vacuumschmelze, ist man auf NET vorbereitet. Es geht sogar so weit, daß unsere Wissenschaftler hoffen, daß das NET-Projekt in Garching bei München verwirklicht wird. Schön wär's, aber wirtschaftliche Hoffnungen, die Kernverschmelzung mit NET schon völlig in den Griff zu bekommen, dürften einfach noch zu hoch gegriffen sein. NET kann mit den »alten« supraleitenden Kabeln allerdings so hohe Magnetfelder in einer ganz besonders ausgeklügelten und vorausberechneten Form erzielen, daß vielleicht erste wirkliche »Brennversuche« gemacht werden. Wir werden das Tauziehen um dieses europäische Großprojekt zur Energiegewinnung aus der Kernfusion in den kommenden Monaten erleben.

Auf die Allgemeinheit werden die Vorstellungen, daß in naher oder ferner Zukunft »unendliche« Energielieferungen aus der Kernfusion zu erwarten seien, Eindruck machen. Aber noch bleiben solche Hoffnungen Theorie. Noch läuft in keinem Land der Welt, das hierzu riesige Versuchsanlagen errichtet hat, auch nur ein einziger Fusionsreaktor. Im Gegenteil: Die Schwierigkeiten, die bewältigt werden müssen, sind immer noch riesig. Selbst wenn eine Versuchsanlage in den Vereinigten Staaten in winzigen Sekundenbruchteilen gerade einige Deka-Watt liefern konnte, wird doch leicht vergessen, daß für einen einzigen Versuch Hunderttausende Kilowatt in die Anlage hineingesteckt werden mußten, um einen unwesentlichen Anteil per Kernfusion wieder herauszuholen. Nein, bis solche Anlagen rentabel arbeiten können, werden noch mehrere Jahrzehnte vergehen.

Allerdings verbessern sich jetzt die Chancen, da die neuen Supraleiter etwas Wichtiges mitbringen: Sie könnten sehr viel höhere Magnetfeld-Leistungen schaffen, als es mit den heutigen Magneten für derartige Versuchsanlagen möglich ist. Genau weiß das zwar noch niemand, aber die magnetischen Eigenschaften der weiterentwickelten Zürich-Oxide scheinen größer zu sein als diejenigen der heute schon eingesetzten Hochleistungsmagneten mit supraleitenden Spulen. Nach theoretischen Abschätzungen wären die neuen Supraleiter fähig, Magnetfelder von Hunderten von Tesla zu liefern.

Dann sieht es freilich auch für die Kernfusions-Anlagen besser aus. In ihnen ließe sich das Gasplasma besser führen und beherrschen. Es ist auch denkbar, daß das Plasma unter höchsten Magnetkräften noch weiter als bisher zusammengepreßt werden kann und damit leichter auf einige Millionen Grad Celsius zu bringen ist. Das ist heute noch Zukunftsmusik – nicht unrealistisch, aber weder versucht noch erprobt.

6.
Medizin-Diagnostik: Unerkannte Marktchance für Supraleiter

Das modernste bildgebende Diagnose-Verfahren der Medizin ist seit wenigen Jahren die *Kernspin-Tomografie.* Sie ergänzt die bisher üblichen Röntgen- und Ultraschall-Durchleuchtungsverfahren in idealer Weise, weil sie auch feine Gewebestrukturen abbildet.

Die Kernspin-Tomografie nutzt den physikalischen Effekt der »magnetischen Kernspin-Resonanz«. Diese Bezeichnung rührt von magnetischen Reaktionen der Atomkerne her. Im Englischen wird diese Untersuchungstechnik als *nuclear magnetic resonance,* abgekürzt NMR, bezeichnet. Neuerdings tauchen speziell für die medizinischen Diagnosegeräte Bezeichnungen wie »MRI« (magnetic resonance imaging, also: Abbildungsverfahren mittels magnetischer Resonanz) auf. Mit dieser Bezeichnung sollen die medizinischen Kernspin-Tomografen von ähnlichen Meßinstrumenten abgegrenzt werden, die zwar auch die magnetischen Kernspin-Reaktionen benutzen, aber keine zweidimensionalen Schnittbilder, sondern lediglich Meßkurven liefern. Eine Meßtechnik, die häufig auch »NMR-Spektroskopie« genannt wird. Sie wird von Chemikern, Biologen und Werkstoff-Wissenschaftlern zur Aufklärung molekularer Strukturen und Stoffwechselumsetzungen eingesetzt.

Für die Hersteller von Meß- und Diagnosegeräten ist die magnetische Kernspin-Resonanz heute ein interessantes Geschäft geworden. Vor gut einem Jahrzehnt dagegen, als die ersten supraleitenden Drähte und Kabel gefertigt wurden, rechnete noch niemand damit, daß sie zu einem lohnenden Geschäft werden könnten.

Kein Wissenschaftler, Techniker oder Politiker, der sich

heutzutage über die Marktchancen der neuartigen Supraleiter ausläßt, vergißt die großen Chancen für medizinische Diagnostik zu erwähnen. Mancher hat sie schon in Kliniken an sich selbst erlebt. Wer vorher die Röntgenaufnahmen seines Körpers gelegentlich mal in Händen hielt, staunt über die anschaulichen, detaillierten Aufnahmen, die die Kernspin-Tomografie von seinem Körperinneren liefern kann. Keine der bisher gebräuchlichen Röntgenaufnahmen konnten ihm so genau Auskunft über das Aussehen von Organen, Gewebeveränderungen und mögliche Krankheitsherde geben wie die heute erreichbaren Aufnahmen aus Kernspin-Tomografen. Derzeit gibt es weltweit knapp eineinhalbtausend dieser wichtigen Diagnose-Instrumente hauptsächlich in Kliniken und Forschungsinstituten, seltener in den Praxen der Röntgenärzte.

Diese medizinischen Geräte werden einen recht großen Teil unserer Bevölkerung erkennen lassen, was moderne Technik heißt, vor allem aber, was uns die Supraleitung für Vorteile zu bringen fähig ist. Dabei werden derzeit noch »alte« Supraleiter aus Niob-Titanlegierungen benutzt, die mit flüssigem Helium auf Temperaturen um vier Kelvin zu kühlen sind. Das kann sich recht schnell ändern: Die neuen Supraleiter können bei Temperaturen des verdampfenden Flüssiggases Stickstoff betrieben werden.

Wichtiger aber sind – und das wurde bislang noch nicht so richtig erfaßt – ganz beachtliche Verbesserungen in der bildlichen Darstellung: Die Schärfe der Abbildungen kann erheblich gesteigert werden, und es lassen sich immer feinere Strukturen abbilden. Das heißt, daß die »Bildauflösung« erhöht werden wird.

Warum bringen die Zürich-Oxide gerade in diesen Instrumenten die ersten auch wirtschaftlich nutzbaren Erfolge? Ein Grund sind die drastisch verringerten Kühlkosten mit Flüssig-Stickstoff. Zum zweiten scheint es möglich, mit stärkeren Magnetfeldern arbeiten zu können. Magnetfelder, die, einmal aufgebaut, so lange bestehen bleiben, wie die Magnetspulen unterhalb der kritischen Temperatur, der Sprungtemperatur, gehalten werden können.

Um das zu erklären, muß das Arbeitsprinzip dieser Instrumente genauer erläutert werden.

Unsere gesamte Materie besteht aus Atomen. Einige dieser Atome lassen sich von außen energetisch so anregen, daß sie in einem starken Magnetfeld auf derartige Energieeinflüsse mit einer eindeutig meßbaren Reaktion antworten. Diese Reaktion läßt sich in einer Meßkurve als »Ausschlag« registrieren. Sie kann mit tomografischen Umwandlungsverfahren dann dazu benutzt werden, eine Schnittfläche unseres Körpers, durch das Gehirn beispielsweise, exakt aufzuzeichnen. Ein derartiges Bild entspricht in etwa einer Röntgenaufnahme mit weichen Röntgenstrahlen. Allerdings zeigen die Kernspin-Tomografie-Bilder sehr viel mehr Details der Weichteilstrukturen.

Die physikalischen Reaktionen, die sich dabei abspielen, kommen hauptsächlich von speziell angeregten Wasserstoff-Atomen. Da Wasserstoff in Form von Wasser mehr als neunzig Prozent der organischen Substanz unseres Körpers ausmacht, gibt seine Kernspin-Reaktion eine sehr exakte Abbildung der wasserhaltigen Organ-Struktur.

Unter dem sehr starken Einfluß eines Magnetfeldes von einigen Tesla richten sich die Wasserstoff-Atome nach den beiden Magnetpolen aus. Wenn ihnen nun ein Energie-Impuls zugeführt wird, wird dieser Ausrichtevorgang gestört. Um wieder in die richtige Richtung »einzuschwingen«, geben sie ein meßbares Signal einer typischen Wellenlänge ab, das zur Bildgewinnung verwendet wird. Es ist quasi die energetische Antwort in Form einer »entlastenden« Energieumwandlung.

Die einzusetzenden Magnetfelder reichen heute von einem halben bis zu zwei Tesla. Sie waren zu vertretbaren Kosten nur durch supraleitende Magnete zu erreichen. Und die standen wiederum erst Anfang der achtziger Jahre zur Verfügung. Von diesen extrem starken Magnetfeldern werden alle Atome und Verbindungen mehr oder weniger stark »ausgerichtet«.

Wenn sie nun schließlich von einem Energie-Impuls getroffen werden, kommt es zu einer Art »Störung« dieser Ausrichtung im Magnetfeld. Dazu werden hochfrequente Radiowellen im Millimeter-Bereich von dreihundert und mehr Kilohertz eingesetzt. Die Atome »antworten« darauf mit der Aussendung einer artspezifischen Radiowelle in einem anderen Frequenzband. Die Atome reagieren – so gesehen – als Radiowellen-Sender. Die Stärke dieser Antwort-Signale entspricht der Konzentration der »antwortenden« Atome in der so beeinflußten Schicht.

Mit der gegenwärtigen Technik läßt sich eine Bildauflösung von etwa einem bis zu einem halben Millimeter erreichen. Das heißt, daß zum Beispiel Tumor-Kerne im Lebergewebe in dieser Größe schon erkannt werden können. Für die Diagnose anderer Krankheiten oder organischer Veränderungen wünschen sich Mediziner aber noch erheblich bessere Bildauflösungen. Sie können auf zweierlei Art erreicht werden: Zum einen soll das Magnetfeld bis auf vier Tesla erhöht werden. Zum anderen versuchen Wissenschaftler, Radiosignale von mehr als sechshundert Kilohertz einzusetzen. Beides kann nach allen bisherigen Vorausberechnungen zu Abbildungspunkten von weniger als einem viertel Millimeter führen.

Damit nicht genug. Mit stärkeren Magnetfeldern und mit höheren Anregungsenergien können auch andere Atome so angeregt werden, daß sie dynamische Reaktionen im Organismus verläßlich aufzeigen: Der erwähnte Energie-Impuls »regt« die Atome so stark an, daß sie in ihrer inneren, ihnen innewohnenden Gleichgewichts-Reaktion regelrecht »umkippen«. Und genau dieses Umkippen ist als »Spitze« deutlich meßbar.

Die heutige Kernspin-Tomografie setzt für ihre Körperaufnahmen dabei auf das »Umkippen« des chemischen Elements Wasserstoff. Dieser ist als elementarer Anteil in allen organischen Verbindungen enthalten. Wenn er mittels der Kernspin-Tomografie zu einer Art physikalischer Antwort gezwungen wird, führt er zum Bild, weil er die eingestrahlte Energie wieder abgibt.

Derartige Spitzen der Meßkurven einzelner, angeregter Wasserstoff-Atome summieren sich und erlauben die sehr detaillierte Darstellung von Umgrenzungen und vom Inneren von Organen, Tumoren oder den feinen Strukturen unserer Gewebe und Weichteile.

Die »atomaren« Antworten von Wasserstoff können allerdings nur mit einigen speziellen Kniffen erzwungen werden: Ein sehr starkes Magnetfeld »richtet« die Protonen im Magnetfeld aus. Zum zweiten wird als Anregungsenergie eine hochfrequente Energie in Form von Radiowellen benutzt. Die Technik verfügt zwar über recht kräftige elektrische Magneten, aber erst mit den sogenannten »alten« Supraleitern ließen sich ohne zu hohe Ströme Magnetfelder um ein und mehr Tesla aufbauen.

Derartige Kabel waren etwa ab der Mitte der siebziger Jahre technisch zu vernünftigen Kosten zu produzieren. Sie bestehen aus Niob-Titan-Legierungen, einer Metallmischung, mit der man eigentlich Stromkabel oder andere Energieanwendungen realisieren wollte. Aber wegen der teuren Heliumkühlung konnten sich diese Pläne nicht verwirklichen lassen. So verfielen die Techniker auf das damals als »bescheiden« geltende Absatzgebiet der Kernspin-Tomografie. Und sie wurde tatsächlich zur ersten kommerziell nutzbaren Anwendung der Supraleitung.

Wenn die neuen Supraleiter aus Metalloxiden zu einer ausreichend langen Lebensdauer gebracht werden können – Fachleute zweifeln daran nicht, wissen nur nicht, wie lange das dauern wird –, kann auf die teure Heliumkühlung verzichtet werden.

Damit öffnet sich der medizinischen wie auch der chemischen und biologischen Grundlagenforschung eine heute noch nicht annähernd ausgeschöpfte Breite von Untersuchungs- und Experimental-Möglichkeiten. Amerikanische *Botaniker* haben mittels eines Kernspin-Tomografen den Wassertransport und den Wasserhaushalt in Pflanzen näher untersucht. Das Besondere an diesen Experimenten ist, daß die Pflanzen dafür nicht mit Kanülen angestochen werden müssen. Alle bisher gemachten Untersuchungen kamen ohne mechanische äußere Eingriffe aus.

Für die *Chemie* hat die magnetische Kern-Resonanz-Spektroskopie zahllose komplizierte Strukturen aufklären helfen. Analytiker mögen auf NMR keinesfalls mehr verzichten. Sie haben dazu ganz unterschiedliche Arbeitstechniken herausgefunden und können neben der Strukturaufklärung auch eine Reihe von dynamischen Vorgängen genauer als mit anderen Untersuchungstechniken verfolgen.

In der *Biochemie* haben variierte NMR-Techniken geholfen, kompliziert gebaute Eiweißverbindungen, Proteine, in ihrem Aufbau verstehen zu lernen. Da phosphorhaltige Verbindungen untersucht werden können, ist es möglich, viele der energetischen Vorgänge des inneren Stoffwechsels von Eiweißverbindungen im Labor zu verfolgen. Der Phosphor ist nämlich das entscheidende chemische Element bei den meisten Energie-Übertragungsprozessen in lebenden Zellen, im Organismus. Gemeint ist hier das Adenosintri- und diphosphat, das zwischen den organischen Verbindungen ausgetauscht und weitergegeben wird.

Ob nun derart große Magnetfelder, wie sie für die Kernspin-Tomografie nötig sind, auch einen schädigenden oder störenden Einfluß auf den menschlichen Körper ausüben, ist ein zwischen Fachleuten nur unzureichend geklärter Sachverhalt. Gegner des neuen Untersuchungsverfahrens befürchten langfristige Zellschädigungen. Aber es fällt ihnen schwer, sie direkt und deutlich nachzuweisen. Die Befürworter heben hervor, daß es zwar kurzzeitige Störungen gäbe, die aber sehr schnell abklingen und verschwinden.

Es ist daher zu hoffen, daß über die Grundlagen der Magnetfeldeinwirkungen auf lebende Körper schon bald bessere und verständliche Untersuchungsergebnisse vorgelegt werden können.

Zum anderen existiert kein Diagnoseverfahren, das so exakt über das Körperinnere Auskunft geben kann. Die Kernspin-Tomografie kann aber nur in bestimmten Bereichen mit der Röntgen-Tomografie konkurrieren. Und von dieser Durchleuchtungstechnik weiß man, daß dabei ionisierende Strahlen von verhältnismäßig hoher Energie nötig sind. Ihren schädigenden Einfluß auf die Nukleinsäuren der Zellkerne und die Erbsubstanz sucht man heute so gering wie möglich zu halten.

Fachleute sehen deshalb in der magnetischen Kernspin-Tomografie das »verträglichere« und ungefährlichere Untersuchungsverfahren.

Damit nicht genug: Es ist nach neuesten Beobachtungen ebenfalls möglich, die Spin-Reaktionen der erheblich leichteren Elektronen anstelle der Atomkern-Bewegungen zu verfolgen. Sie würden sich ganz erheblich schneller registrieren lassen und die etwas zeitraubenden Kernspin-Spektren in kürzerer Zeit ermöglichen. Die ersten Versuchsergebnisse derartiger Meßinstrumente liegen inzwischen vor. Sie wurden vom amerikanischen Forschungsinstitut der Cornell-Universität in Ithaca im Bundesstaat New York von einer Gruppe von Wissenschaftlern unter Leitung von Jack Freed gemacht. Geräte, die mit dieser Untersuchungstechnik arbeiten, brauchen ebenfalls supraleitende Magnete, um die Ausrichtung der Elektronen zu schaffen. Wahrscheinlich werden die dafür nötigen Magnetfelder ganz erheblich über denen liegen müssen, die man heute schon erzeugen kann.

Dafür aber werden die Untersuchungszeiten nur noch Sekundenbruchteile betragen. Ein Wunsch, der schon häufig von Medizinern und Röntgenfachärzten geäußert wurde, weil die heute üblichen Einwirkungen der extrem hohen Magnetfelder um ein bis zwei Tesla vielleicht doch noch nicht genau erforschte Wirkungen auf den untersuchten Patienten haben könnten.

Nicht alle Mediziner haben die Kernspin-Tomografie einhellig begrüßt. Es gibt eine Gruppe, die Langzeitschäden befürchtet, weil sehr große Magnetfelder erforderlich sind. Einige sehen gar im natürlichen Erdmagnetfeld schon ungünstige Einflüsse. Rein biologisch oder physiologisch betrachtet, ist das keine abwegige Ansicht. Den Ärzten fällt es aber schwer, schon die Wirkungen des natürlichen Erdmagnetfeldes nachweisen zu können. Es ist trotz aller Fortschritte in der physikalischen und biologischen Meßtechnik nicht möglich, derart minimale Feldeinwirkungen auf den menschlichen Körper verläßlich nachprüfbar zu beweisen.

Ein bis zwei Tesla sind nun in der Tat enorm große Werte im

Vergleich zu den natürlichen Magnetfeldern der Erde. Es kommt hinzu, daß die Kernspin-Tomografen zusätzlich hochfrequente Wellen auf den menschlichen Körper einstrahlen. Beide Einflüsse führen tatsächlich zu Irritationen, die medizinisch kaum richtig zu beschreiben sind. Nach allen bisher vorliegenden Untersuchungsberichten verschwinden sie allerdings schon nach kurzer Zeit, nach Minuten oder höchstens einer Stunde.

Welcher Art diese Störungen sind, ist derzeit noch nicht genau erforscht. Es liegt aber auf der Hand, daß organische Verbindungen, die magnetisch und hochfrequent angeregt werden, in irgendeiner Form darauf antworten. Die ausgesandten Radiowellen sind ja auch ein Ausdruck, diese Anregung wieder schnellstens, in wenigen Sekunden, loszuwerden. Was dabei an Veränderungen in den Körperzellen vor sich geht, kann nur vermutet, aber leider nicht bewiesen werden.

So ist zum Beispiel denkbar, daß große organische Moleküle in bestimmte Schwingungen geraten. Nach allen bislang vorliegenden Beobachtungen reicht die eingestrahlte Energie nicht aus, um die Moleküle auseinanderbrechen zu lassen. Sie können aber für kurze Zeit ihre Stoffwechselfunktionen aufgeben oder verändern. Das gilt besonders für die im inneren Stoffwechsel einer Körperzelle wichtigen Phosphorverbindungen, wie Adenosintri- und diphosphat, abgekürzt ATP und ADP. Da bekannt ist, daß Phosphor-Atome angeregt werden können, liegt es auf der Hand, daß die Energieübertragung im Zellinneren kurzzeitig gestört werden kann.

Wie von der Siemens AG in Erlangen versichert wird, sind alle Irritationen der untersuchten Patienten bei Magnetfeldern von etwa zwei Tesla nur kurzzeitig zu beobachten gewesen. Es wird damit aber auch zugegeben, daß noch stärkere Magnetfelder, wie sie für die nächste Generation der Kernspin-Tomografen in Entwicklung sind und die bis zu vier Tesla reichen sollen, sich momentan der medizinischen wie auch der physiologischen Beurteilung ihrer Wirkungen entziehen.

Deshalb haben die Gerätehersteller auch eine Pflicht herauszufinden, bis zu welchen Magnetfeld- und Hochfrequenz-Einflüssen ihre Diagnosegeräte ohne Risiken einzusetzen sind. Das gilt weltweit für alle Hersteller. Und es steht außer Frage, daß sie intensiv darum bemüht sein müssen, die Grenzen dieser Risiken herauszufinden.

Bekanntlich haben Zellschädigungen, die Röntgengeräte durch ionisierende Strahlen auf den Körper ausüben, dazu geführt, daß man heute versucht, Strahlenmenge und Einwirkungszeit auf ein Minimum einzuschränken. Das sollte auch für die Kernspin-Tomografie oder andere Durchstrahlungsverfahren gelten. Sie sind nur dort angebracht, wo andere Diagnose-Verfahren nicht weiterhelfen.

7.
Ein riesiges Anwendungsspektrum für die Zürich-Oxide

Die Palette der möglichen und heute absehbaren Anwendungen der neuartigen supraleitenden Werkstoffe ist sehr groß, so daß mit erheblichen technischen Veränderungen in den nächsten Jahrzehnten gerechnet werden muß. Dabei ist es durchaus denkbar, daß Anwendungen hinzukommen, an die heute niemand denkt. Überraschungen sind also vorprogrammiert.

Hier sollen nun die wichtigsten Bereiche aufgeführt und genauer beleuchtet werden.

Die neuen supraleitenden Werkstoffe werden es jetzt möglich machen, *SQUIDs* in einer ganzen Reihe neuartiger Meßinstrumente einzusetzen. Die Bezeichnung SQUID stammt aus dem Englischen: »*S*uperconducting *Q*uantum *I*nterferometer *D*evice«. Zu Deutsch also etwa: supraleitende Vorrichtung zur Messung von Quanten-Beeinflussungen oder Quantensprüngen. Bisher handelte es sich in der Hauptsache um recht teure Meßgeräte für wissenschaftliche Spezialuntersuchungen. Nun, ohne die teure Heliumkühlung, rücken SQUIDs ebenfalls in die medizinische Diagnostik vor: Sie erlauben wesentlich genauere Untersuchungen der Herzmuskel-Bewegungen, als sie mit Elektrokardiografen aufzuzeichnen waren. Wegen ihrer Fähigkeit, ganz geringe Magnetfeld-Schwankungen zu registrieren, sind sie besonders dazu geeignet, Strömungsgeschwindigkeiten in Venen und Arterien zu messen.

In beiden Anwendungsfällen ist es nicht nötig, Meßsonden oder Kanülen in den Körper einzuführen. Es reichen dafür spezielle Elektroden aus, die um die zu untersuchenden Körperbereiche gelegt werden. Allerdings ist es erforderlich, alle äußeren Magnetfeld-Einflüsse bei diesen Untersuchungen völlig auszuschließen. Das ist nicht einfach, denn wir leben in einer Umwelt, die neben dem natürlichen Erdmagnetfeld voller elektromagnetischer Wellen von Radio und Fernsehen ist. Aber derartige Abschirmungen sind Stand der heutigen Technik.

SQUIDs dienen der Messung äußerst schwacher Magnetfelder oder ganz geringer magnetischer Eigenschaften von Stoffen oder Verbindungen. Sie nutzen dazu die Reaktionen, die schwache Magnetfelder auf die sogenannten Josephson-Übergänge ausüben. Das reicht bis zu 10^{-7} Gauß. Das sind magnetische Kräfte, die rund ein millionstelmal kleiner sind als das Erdmagnetfeld mit durchschnittlich 0,48 Gauß; in den heute gültigen Maßeinheiten bedeutet das Piko-Tesla. Es sind somit Kräfte, die sich unserem Vorstellungsvermögen völlig entziehen.

Von billigeren SQUID-Apparaturen werden auch Chemiker, Biologen und die Werkstoff-Forschung ganz erheblich profitieren. So setzt zum Beispiel das Mainzer Max-Planck-Institut für Polymer-Forschung eine SQUID-Anlage zur Strukturaufklärung kompliziert gebauter langkettiger, organischer Verbindungen ein. Außerdem hoffen die dortigen Forscher, Verbindungen konzipieren zu können, die besondere magnetische Eigenschaften aufweisen. Sie könnten sich dann eines Tages mit Magnetfeldern regelrecht »ausrichten« oder nach einem speziellen System »ordnen« lassen. Es sind also Forschungsarbeiten, die das Ziel verfolgen, grundlegende Reaktionen aufzufinden, um sie später für neuartige Kunststoff-Verbindungen, -mischungen oder -herstellungstechniken einsetzen zu können.

Biologen hoffen mit der Vermessung ganz schwacher Magnetfeld-Reaktionen, elektrophysikalischen Vorgängen auf die Spur zu kommen. Das bezieht sich beispielsweise auf die immer noch ausstehende Aufklärung der komplizierten Umwandlungsvorgänge bei der Reizleitung in Nerven und im Muskelgewebe.

Auch für die Elektronik eröffnen SQUIDs wichtige Meßbereiche. So eignen sich auf der Basis von SQUIDs entwickelte

Meßgeräte zur äußerst exakten Feststellung von elektrischen Spannungen. Sie haben gegenüber galvanischen Methoden schon heute die Rolle von sogenannten Spannungs-Normalen übernommen. Damit können Spannungen in Volt mit einer Genauigkeit bis zu sechs Stellen hinter dem Komma gemessen werden.

Und was bei größeren Spannungen möglich ist, betrifft auch ganz schwache elektrische Strömungen sowie hochfrequente Schwingungen.

SQUIDs erweitern also unsere meßtechnischen Möglichkeiten bis in die kleinsten Dimensionen, die quantenphysikalisch ganz dicht am sogenannten statistischen Rauschen liegen, also in einen Bereich hinein, der an die berechenbaren physikalischen Grenzen vorstößt.

Es ist so gesehen nicht verwunderlich, daß Physiker sich mit der Supraleitung und aller ihrer etwas schwer zu überschauenden Reaktionen den »Raum« der atomaren Verhaltensweisen über die Quantenphysik erschließen. Schon das Tunnel-Elektronen-Mikroskop, das, wie sein Name sagt, mit Tunnel-Elektronen arbeitet, öffnete den Weg zur Abbildung von atomaren Oberflächenstrukturen. Eine weitere Anwendung dieses eigenartigen Verhaltens von Elektronen sind die Josephsonschen Übergänge in elektronischen Schaltungen. Ähnlich sind auch die SQUIDs aufgebaut. Sie erweitern den Handlungsspielraum der Naturwissenschaftler und offerieren gleichfalls weitere, tiefe Einblicke in das Reaktionsverhalten der Materie.

Ihr prinzipieller Aufbau ist nahezu identisch in allen derartigen Bausteinen: Leitende und supraleitende metallische Verbindungen werden von einer wenige Nanometer breiten, isolierenden Schicht getrennt. Techniker haben ganz unterschiedliche Konstruktionen erdacht, um dieses Prinzip umzusetzen. So gibt es bahnartige, flächige Josephson-Schaltungen, aber auch punktförmige, wenn Spitzen gegen Spitzen oder Spitzen auf flächige Elemente gerichtet sind.

Wenn an eine solche Schaltung Strom angelegt wird, fließt der sogenannte *Tunnelstrom*. Er ist gering, aber gut meßbar.

Dabei sind drei physikalische Effekte festzustellen, wenn diese Bauelemente tiefkalt im Bereich der Supraleitung der verwendeten Metallegierungen gehalten werden: ein spezieller »Tunnel-Gleich-« sowie ein entsprechender »-Wechselstrom« und eine meßbare Abhängigkeit beider Ströme von den Schwingungen des Wechselstroms. Wegen der wechselseitigen Beeinflussung der die Phänomene bedingenden Elektronen erlauben diese Elemente Spannungs-, Frequenz-, Temperatur- und Magnetfeld-Messungen von bislang nicht möglicher Genauigkeit.

Die neuen supraleitenden Keramiken können hier schon in hauchdünnen Schichten eingesetzt werden. Es ist nicht erforderlich, daß sie extrem hohe Ströme aushalten oder daß sie mechanischen Belastungen gewachsen sein müssen. Wenige Mikrometer dicke Schichten oder Überzüge reichen völlig aus, um entsprechend ausgelegte Bauelemente herzustellen.

Es ist damit offensichtlich, daß schon in relativ kurzer Zeit derartige SQUIDs eine *neue Generation von medizinischen Diagnosegeräten* ermöglichen. Eine Entwicklung, die dann etwa gleichzeitig auch naturwissenschaftlichen Meßgeräten zugute kommen wird.

Parallel zu diesen Anwendungen wird die *Militärtechnik* SQUIDs einzusetzen suchen. Hier geht es um zwei verteidigungspolitisch wichtige Bereiche: die Ortung von tieftauchenden Untersee-Booten und die Überwachung von Erdmagnetfeld-Veränderungen aus dem erdnahen Raum.

SQUID-Sensoren können nach Ansicht von Technikern nämlich so ausgelegt und konstruiert werden, daß sie die bisher gebräuchlichen Sonar-Geräte an Empfindlichkeit weit übertreffen. Die Ultraschall-Technologie würde – so betrachtet – von der Anwendung der Quantenmechanik abgelöst werden können.

Nach amerikanischen Markterhebungen wurden 1987 knapp zwölf Prozent der hergestellten Supraleiter *in der Elektronik, in integrierten Schaltkreisen oder Sensoren* eingesetzt. Weltweit sollen danach rund fünfundzwanzig Millionen Dollar in diesem Marktsegment umgesetzt worden sein.

Die Statistik gibt jedoch nicht an, mit welchen Supraleitern schon derartige Umsätze in aller Welt erzielt wurden. Es dürfte sich aller Wahrscheinlichkeit nach zumeist um Supraleiter der »alten« Art handeln. Diejenigen also, die zur Erreichung der Supraleitung noch mit Helium gekühlt werden müssen. Denn noch existiert überhaupt kein Markt mit den »neuen« Hochtemperatur-Supraleitern. Einige Hersteller bieten die Rohstoffe zwar an, aber jeder, der damit arbeitet und experimentiert, stellt sich seine »Labormengen« selbst her.

Außerdem sind supraleitende, elektronische Bauelemente und Schaltkreise nicht als Einzel- oder gar als Massenware zu kaufen. In Europa jedenfalls gibt es keine Hersteller supraleitender, elektronischer Chips. Die Zahlen beziehen sich also in erster Linie auf amerikanische, in geringerem Umfang vielleicht auf japanische »Versuchs- oder Labor-Produkte«.

Dennoch liegt es auf der Hand, daß dieser Anwendungsbereich der Supraleitung sich in den kommenden zehn bis fünfzehn Jahren ganz erheblich ausweiten wird. Wiederum die nordamerikanische Quelle mit einer Hochrechnung: Im Jahr 2002 könnten hier Umsätze um vierhundert Millionen Dollar zu erwarten sein. Das ist ein Anstieg um den Faktor »sechzehn«, ein Wert, der einen schwindlig machen kann, aber durchaus realistisch einzuschätzen ist, wenn man an die Wachstumsraten in der Elektronik im abgelaufenden Jahrzehnt denkt.

Der Optimismus, der hinter solchen Zahlen steckt, hat viele und auch gute Gründe: Schon heutige Großcomputer-Schaltungen haben erhebliche Schwierigkeiten mit den beim Betrieb auftretenden Temperaturen. Die sogenannten »Mainframes« kommen jetzt schon ohne eine komplizierte Wasserkühlung kaum mehr aus. Das wird sich auch in naher Zukunft kaum verändern.

Wenn eines Tages – und das ist die große Hoffnung, die die Elektroniker in die Supraleitung setzen – mit noch höheren Geschwindigkeiten und dazu noch mit der recht preiswerten Kühlung mit flüssigem Stickstoff operiert werden kann, entfallen viele der heutigen Probleme mit der Wärmeabfuhr.

An welche Art von Anwendungen in der Elektronik denken nun die Techniker und Ingenieure?

Zwei Bereiche zeichnen sich hier ab: die *Signalverarbeitung mit hohen bis sehr hohen Frequenzen.* Das sind Mikrowellen und Radar-Anwendungen. Hier können die neuen Supraleiter die nötigen Schaltglieder vereinfachen, den Störpegel – das heißt das »Rauschen« – verringern und zusätzlich noch höhere Frequenzen im Bereich von Gigahertz, von milliardstel Schwingungen pro Sekunde erschließen. Als zweites wird an *hochempfindliche Infrarotlicht-Sensoren* gedacht.

Bei beiden Anwendungen handelt es sich um eine sogenannte *analoge* Elektronik. Das heißt, daß die Signale in ihrer kontinuierlichen Form verarbeitet werden. So, wie beispielsweise Töne von einem Kassetten-Tonband aufgezeichnet und auch in analoger Technik wiedergegeben werden.

Etwas schwieriger wird es in der *Digitaltechnik* mit den neuen Supraleitern sein: Neben den schon erwähnten Josephson-Übergängen treten sie in Konkurrenz zu CMOS-Techniken. CMOS heißt »Complementary Metal Oxide Semiconductor« (zu Deutsch »ergänzende Metalloxid-Halbleiter«). Es handelt sich um eine Art von Hybrid-Technik, bei der mit leitendem und halbleitendem Material gearbeitet wird. Zumeist sind es Techniken zur Verbindung von digital arbeitenden Halbleiter-Schaltelementen untereinander.

Hier würden Yttrium-Barium-Kupferoxide (YBaCuO) mit Kupfer in seinen Eigenschaftswerten konkurrieren. Dem steht entgegen, daß reines Kupfer auch schon sehr geringe Widerstandswerte bei Temperaturen um 77 Kelvin vorzuweisen hat: nämlich nur etwa 0,24 Mikroohm-Zentimeter.

Interessanter kann es jedoch sein, die Dämpfung, die bei derartigen Schaltelementen auftritt, durch Supraleitung ganz deutlich abzusenken. Mit Kupfer errechnen sich diese »Impedanzen« bei den üblichen Baugrößen weniger Millimeterbruchteile auf rund zweitausend Ohm. Mit Yttrium-Barium-Kupferoxiden errechnen sie sich auf lediglich vierhundert Ohm, wie der Physiker J. Y.-C. Sun kürzlich herausfand.

Weniger deutlich sind solche Hebeleffekte der neuen Supraleiter in bezug auf den kritischen Strom. Kollektor-Elektroden, Fachleute sprechen hier vom *drain,* funktionieren mit wenigen Milli-Ampère. Dennoch kommt es bei den häufig nur einen halben Quadrat-Mikrometer großen Strukturen zu hohen Stromdichten von über eine Million Ampère pro Quadratzentimeter. Die neuen Supraleiter müssen als dünne Schichten diese hohen Ströme verkraften können.

Zahlreiche Industrie- und Universitäts-Forschungslabors konzentrieren sich auf die Entwicklung derartiger »tragfähiger« Schichten. Hier haben speziell die IBM-Labors schon sehr hohe kritische Ströme in hauchdünnen Schichten erreichen können.

Nach den bis heute vorliegenden Laborergebnissen scheint es tatsächlich möglich, Ströme von bis zu zehn Millionen Ampère in filmartig dünnen YBaCuO-Schichten in etwa zwei Jahren so weit zu beherrschen, daß Versuche mit stickstoffgekühlten Schaltkreisen beginnen können. Aber bevor man die Herstellungstechnik nicht völlig beherrscht, kann niemand sagen, welche Leistungen diese Chips dann erbringen. Das bezieht sich auch auf analoge Baulemente, die jedoch mit dickeren Schichten arbeiten müssen. Fachleute unterscheiden daher für die elektronischen Anwendungen der neuen Supraleiter zwischen der *Dünn-* und der *Dickschichttechnik.*

Es gibt zahlreiche Möglichkeiten, derartige Schichten herzustellen. So experimentiert zum Beispiel die Siemens AG in Erlangen mit einem sogenannten »Sputter-Verfahren«. Es ist ein Laborverfahren, das auch für andere elektronische Bauelemente verwendet wird. Es erlaubt jedoch nur, wenige Quadratmillimeter große Stücke zu behandeln.

Das Verfahren läuft in einem Vakuumgefäß ab. Ein Laserstrahl wird dabei so gelenkt, daß er aus einem Stückchen YBaCuO, dem sogenannten Target, Moleküle verdampft und auf einer speziellen Unterlage »ablagert«.

Als Alternativen kommen auch chemische Ablagerungen, Schmelzspinn-Verfahren, Auftragen aus der Dampfphase oder ein mehr mechanisches »Aufdrucken« in Frage. Welche Technik sich letztlich durchsetzen wird, weiß heute noch niemand.

Aber schon die Aufzählung zeigt, daß es vielfältige Möglichkeiten gibt. Andere, neue mögen noch hinzukommen.

Wie kompliziert das sein kann, zeigen die zu den »alten« Supraleitern zählenden $Niob_3$-Zinnlegierungen. Niob und Zinn lassen sich wegen der hohen Sprödigkeit zusammen nicht verarbeiten. Daher wählt man einen raffinierten Umweg. Niob und Zinn werden im richtigen Verhältnis zueinander in einer Kupferkartusche zusammengelegt und dann per Ziehtechnik zu dünnen Drähten ausgezogen. Dann erst werden die Spulen einem Glühprozeß unterzogen, bei dem es zur Bildung der $Niob_3$-Zinnlegierung in mikrometerdünnen Fasern kommt. Das heißt also, daß die Werkstofftechniker auch heute schon mit sehr sprödem Material fertig werden. Es kann durchaus sein, daß die ähnlich spröden »neuen« Supraleiter mit einer vergleichbaren Herstellungstechnik gezogen und verarbeitet werden können.

»Schon aus rein theoretischen Überlegungen öffnen sich für zukünftige Transistorschaltungen zahlreiche Anwendungsmöglichkeiten für die neuen Supraleiter«, meinen A. P. Malozemoff und W. J. Gallagher vom IBM-Forschungslabor »Thomas J. Watson Research Center« in Yorktown Heights im amerikanischen Bundesstaat New York. Sie denken dabei an Millimeterwellen-Detektoren, extrem schnell schaltende digital wie analog arbeitende Signalmeß- und Prüfgeräte, äußerst störungsfrei arbeitende Meßgeräte auch bei niedrigeren Frequenzen – rauscharme Schaltungen – sowie sehr exakte Strom-Normale, Geräte also, die mit hoher Präzision eine ganz genaue Stromstärke liefern und die zu zahlreichen Vergleichsmessungen in der Elektronik unumgänglich sind.

Es gibt auch heute schon wieder Überlegungen, ob die in den siebziger Jahren gemachten Versuche mit den »Josephson-Übergängen« sich nicht doch wiederbeleben lassen, um äußerst schnell schaltende Computer damit zu verwirklichen. Nach allen Erfahrungen, die beispielsweise auch gerade in Rüschlikon mit diesen interessanten Schaltelementen gemacht wurden, sagt Müller heute: »Richtig gemacht, sind sie ausgezeichnete Schalter, aber sie haben leider den Nachteil, daß sie nur mit einer sehr geringen Stromtoleranz fertig werden.«

Schon Schwankungen über vier Prozent der benutzten Stromstärken können zu unerwünschten Schaltfehlern führen. Demgegenüber vertragen Schaltkreise aus Siliziumoxid oder aus Galliumarsenid erheblich höhere Stromschwankungen, ohne Rechenfehler auszulösen.

Wie bisherige Laboruntersuchungen zeigen, können Transistorstrukturen aus Metalloxiden in der MOS-Technik ebensogut bei rund achtzig Kelvin betrieben werden wie solche in der Galliumarsenid-Technik hergestellten. Das gilt auch für die unterschiedlichen Strukturen, die bei den verschiedenen Schaltungen erforderlich sind. Es trifft für sogenannte Feldeffekt- wie für ballistische Transistoren zu.

Bei der Entwicklung dieser Schaltungen ist ein erbitterter Wettbewerb im Gange. Kein Industrielabor möchte sich bei diesen stark forcierten Entwicklungsarbeiten in die Karten schauen lassen. Das gilt für IBM ebenso wie für die Bell-Laboratorien, für Siemens, Philips, Hitachi, Fujitsu, Sumitomo und zahlreiche andere Konzerne in Japan. Das Wettrennen um leistungsfähige Elektronik-Chips ist durch die neuen Supraleiter gewaltig angeheizt worden. Man sollte allerdings keine sensationellen Ergebnisse in absehbarer Zeit erwarten. Es ist durchaus realistisch, daß in zehn Jahren lediglich eine Verzehnfachung der Umsätze auf etwa 225 Millionen Dollar erwartet werden kann.

Ein vielversprechendes Einsatzgebiet der neuen Supraleiter sind auch *Großtransformatoren* für die Elektrizitäts-Versorgungsunternehmen und für Kraftwerke. Versuche mit Transformatoren wurden schon Anfang der sechziger Jahre, damals mit Windungen aus Kupfer-Niob, unternommen. Später hat die französische Firma Alsthom leistungsfähigere Krafttransformatoren mit Kabeln aus Niob-Zinnlegierungen erprobt. Wegen der damals erforderlichen Heliumkühlung waren die Betriebskosten aber zu hoch.

Professor Komarek vom Kernforschungszentrum Karlsruhe

sieht jetzt jedoch mit stickstoffgekühlten Hochtemperatur-Supraleitern bessere Chancen, Hochleistungstransformatoren für Kraftwerke zu realisieren. Nach seinen Kostenschätzungen sind trotz der erforderlichen Kühlkosten und notwendiger schneller Schalter ganz erhebliche Kostenreduzierungen denkbar: Ein Transformator im Leistungsbereich von einem Megawatt kostet in der heutigen Bauweise rund dreißigtausend Mark. Mit stickstoffgekühlten Hochtemperatur-Supraleitern errechnet Komarek lediglich Kosten von knapp zwanzigtausend Mark. Das könnte eine mehr als sechzigprozentige Kosteneinsparung erbringen.

Transformatoren, Strombegrenzer und supraschnelle Stromschalter scheinen aus heutigen Erkenntnissen heraus mit den neuartigen Supraleitern tatsächlich konstruiert werden zu können.

Diese Aggregate werden zusammen mit supraleitenden Stromgeneratoren die Stromerzeugungskosten senken. Es wird allerdings noch gut zehn Jahre dauern, bis diese Anlagen in der Praxis eingesetzt werden. Wie hoch die Kostenersparnis für die Kraftwerksbetreiber und für die Elektrizitätsversorgungsunternehmen sein wird, ist schwer zu kalkulieren. Deutlich ist lediglich, daß der Einsatz der neuen Supraleiter nicht zu spürbaren Kostenerhöhungen führen muß. Der »Verschwendung« oder den »Verlustleistungen« wird mit der Supraleitung Paroli geboten. Ein sparsamerer Umgang mit elektrischer Energie könnte sich durchaus auch in den zukünftigen Stromrechnungen wiederfinden.

Ein weiterer, interessanter Anwendungsbereich ist die Nutzung der hohen Magnetfelder zu Stoffabscheidungen. Fachleute bezeichnen dies als *magnetische Separation*. Das Verfahren wurde in der Vergangenheit zum Beispiel bei der Erzaufbereitung zur Erzanreicherung praktiziert. Supraleitende, mit Helium gekühlte Großmagnete haben sich in der Praxis bewähren können. Aber es blieben bislang Einzelfälle, weil häufig vor Ort, in afrikanischen oder südamerikanischen Gruben, keine ausreichend starken Stromquellen zur Verfügung standen.

Daran wird sich auch in naher Zukunft relativ wenig ändern. Allerdings gibt es andere, nicht minder wichtige Einsatzmöglichkeiten für magnetische Abscheideverfahren auch bei uns. Es handelt sich um Aggregate, die zum Umweltschutz oder zur Aufarbeitung sogenannter Altlasten eingesetzt werden können. Versuche in Nordamerika, aber auch in der Bundesrepublik, zeigten auf, daß magnetische Trennverfahren stark belastete Gewässer oder Schlammablagerungen von Schwermetallen säubern können.

In der Chemieindustrie oder in der Galvanik zwingen gesetzliche Vorschriften, ganz bestimmte Metallkonzentrationen einzuhalten, wenn Abwässer in die Flüsse geleitet werden. Magnetabscheider mit sehr hohen Magnetfeldern könnten auch bei der Aufarbeitung von Müll von Nutzen sein.

Ein weiterer, nicht minder zukunftsträchtiger Einsatzbereich von neuen oder auch von alten Supraleitern ist die *Speicherung von elektrischer Energie.* Es existieren eine Reihe von Vorschlägen, riesige Schwungräder mit Überschußstrom in Drehung zu versetzen und bei Bedarf die so gespeicherte mechanische Energie wieder in Strom umzuwandeln. Praktische Versuche wurden nur mit kleinen Schwungrädern unternommen. Weder in den Vereinigten Staaten noch in Europa hat man sich bisher an solche Großprojekte herangewagt. Es liegt aber auf der Hand, daß mit supraleitenden Aggregaten große Energieverluste in solchen Speicherrädern drastisch gesenkt werden könnten. Beim Betrieb mit flüssigem Stickstoff würden Verlustleistungen vermeidbar werden.

Diese Aufzählung kann nicht alles umfassen, was bislang in der Hoffnung auf die neuen Supraleiter an interessanten Vorschlägen für ihren Einsatz gemacht worden ist. Professor Komarek sagt zu Recht, daß die Nutzung der magnetischen Kernspin-Resonanz in den sechziger Jahren überhaupt nicht erkannt wurde. Dennoch sind die »alten« Supraleiter, heliumgekühlt in Kernspin-Tomografen, heute ein großes Geschäft für eine Reihe von Unternehmen geworden. Diese Entwicklung wird kein Einzelfall bleiben.

Übersicht der möglichen Anwendungen neuer Supraleiter

Die Anwendungen der neuen Supraleiter können in drei große Gruppen aufgeteilt werden, je nachdem, welche der physikalischen Eigenheiten genutzt werden. Das können die magnetischen Reaktionen, die besonderen elektrischen Eigenschaften oder eine Kombination beider sein:

1. Nutzung der besonderen magnetischen Eigenschaften

Die hohen kritischen Ströme, die durch Supraleiter fließen können, lassen sich zum Aufbau extrem starker Magnetfelder verwenden. Gleichzeitig sind sie dazu geeignet, quasi in umgekehrter Wirkung, solche extrem starken Magnetfelder »abzuschirmen«. Ihre Wirtschaftlichkeit ist bestechend: Ein einmal aufgebautes Magnetfeld bleibt fast ewig lange bestehen. Eine zusätzliche Energiezufuhr ist dafür nicht mehr erforderlich.

● Nutzung der *magnetischen Kernspin-Resonanz* für medizinische Diagnosegeräte (Kernspin-Tomografie), Struktur- und Reaktionsabläufe in chemischen, biologischen und biochemischen Systemen, Strukturaufklärung von Polymeren und den reaktiven Gruppen in solchen Verbindungen, Veränderung des Wassergehalts in Pflanzen.

● Hochempfindliche Magnetsensoren mittels sogenannter *SQUIDs:* Meßgeräte zur Verfolgung von Veränderungen des Erdmagnetfeldes, der magnetischen Eigenschaften von Stoffen und Verbindungen, Magnetsensoren für die Militärtechnik.

● Extrem starke Magnetfelder für die *Energietechnik:* zum Bau verlustarmer Stromgeneratoren und Elektromotoren, Ablenkmagnete für physikalische Forschungsanlagen wie Teilchenbeschleuniger, Blasenkammern zur Beobachtung von Teilchen-Reaktionen, supraleitende Magnetspulen für Kernfusions-Forschungsanlagen und magneto-hydrodynamische Stromerzeuger.

● *Magnet-Separatoren* als Anlagen zur Trennung von Stoffen, Erzen und Mineralien für den Bergbau, die Rohstoff-Industrie oder für den Umweltschutz sowie zur Aufarbeitung von Deponien.

● Einsatz in kommenden *Magnetbahn-Verkehrssystemen* unter Nutzung großer Magnetfelder in Linear-Motoren, um energiesparende Streckenleistungen zu erreichen.

● Für *verfahrenstechnische und chemische Herstellungstechniken von Werkstoffen* eröffnet die sogenannte »magnetic levitation« Alternativen für Produktionstechniken im erdnahen Weltraum, weil sie die Schwerkraftwirkung des Erdmagnetfeldes aufheben kann.

2. Elektrisch-elektronische Anwendungen

Für diese Anwendungen kommen zwei Eigenschaften der neuen Supraleiter zusammen: nahezu verlustfrei übertragene Ströme mit geringen oder mit hohen Spannungen und extrem hohe Schaltgeschwindigkeiten, wie sie beispielsweise die Josephson-Übergänge im Tieftemperaturbereich aufzuweisen haben. Im Schwachstrombereich, in der Elektronik, ist die Verarbeitung von analogen und von digitalen Signalen möglich.

● Einsatz als *Verbindungsglieder in Hochleistungs-Computern,* um den Kühlbedarf bei hohen Rechengeschwindigkeiten zu reduzieren. Das gilt auch für signalverarbeitende, hoch- und niederfrequent funktionierende Schaltungen.

● *Bau von Hochgeschwindigkeits-Rechnern* in der Digital-Technik mit Stickstoff-Kühlung und mit extrem schnell schaltenden integrierten Schaltkreisen; das können Josephson-Elemente aber auch solche in der Galliumarsenid- oder einer anderen Technologie sein.

● Realisierung von *hochempfindlichen Strom-Spannungs-Normalen* aus Josephson-Übergängen für Vergleichsmessungen in der Elektronik und der Elektrotechnik.

● In der Analog-Technik arbeitende *Empfänger hochfrequenter Wellen für Radargeräte,* schwer zu störende Kommunikationsgeräte für Verteidigungszwecke oder astrophysikalische Meßgeräte.

● *Infrarot-Sensoren* mit sehr selektiven Eigenschaften in allen Wellenlängenbereichen des infraroten Lichtspektrums für Satellitenaufnahmen oder extrem schwaches Infrarotlicht.

● Als Bauelemente oder als Schaltkreise für analog arbeitende, also kontinuierliche Signale verarbeitende *Prozessoren, Filter, Oszillatoren, Verstärker, Misch- und Verzögerungsglieder.* Sie erlauben, den heute nutzbaren Frequenzbereich in der Hochfrequenz-Technik mit vergleichsweise geringerem Aufwand als bisher in den Giga-Hertz-Bereich auszuweiten.

● *Schnelle Signalwandler* für analoge in digitale Daten und umgekehrt.

● Realisierung von supraleitenden Gleich- und Wechselstromkabeln zur verlustmindernden *Übertragung großer Energiemengen.*

● *Datenübertragungskabel* zur Übermittlung extrem großer Datenmengen mit sehr hoher Übertragungs-Geschwindigkeit.

3. Nutzung der elektrisch-magnetischen Eigenschaften

Neben den hier schon aufgeführten Anwendungsmöglichkeiten eröffnen sich einige interessante Chancen, die sowohl hoher Ströme als auch großer Magnetfelder bedürfen:

- supraleitende *Transformatoren,* die die bislang üblichen Verlustleistungen deutlich absenken helfen. Derartige Transformatoren könnten auch als Strom- oder Frequenz-Begrenzer in Hochspannungsschaltungen nützlich sein.
- Blitzschnell schaltende, unabhängige *Überlastungsschalter,* um in den großen Stromnetzen Kurzschlüsse besser zu beherrschen.
- *Speicheranlagen* zur Speicherung großer Strommengen zum Ausgleich der Differenzen zwischen Tag-, Nacht- und Spitzenstrombedarf und als Ersatz der recht aufwendig zu betreibenden »Spitzenlast-Kraftwerke« (Pumpenspeicher- und Gasturbinen-Kraftwerke).

8.
Es gibt schon eine »Supraleiter-Industrie«

Die Supraleitung wird schon lange nicht mehr nur als Labortechnik angesehen. Mindestens seit Anfang der sechziger Jahre, als sich der erste Boom ankündigte, haben weltweit eine Reihe von Unternehmen Arbeits- und Forschungsgruppen aufgestellt. Ein umfangreiches Geschäft konnte damals trotz großer Hoffnungen nicht daraus werden, weil die Kältetechnik nur mit Flüssig-Helium funktionierte. Damit blieben die Einsatzmöglichkeiten recht klein.

Heute sieht das anders aus. So ist es nicht verwunderlich, daß die Unternehmen, die in der Zwischenzeit weiterhin Supraleitungs-Forschung betrieben haben, keine neuen »Startlöcher« mehr graben müssen. Zahlreiche andere Unternehmen haben 1987 neu angefangen und suchen jetzt einen schnellen Anschluß an die heutigen Erkenntnisse der Wissenschaftler.

Ganz generell gesehen hat eigentlich jedes Land, das intensiv an den neuen Supraleitern forscht, eigene Schwerpunkte gesetzt. Der Anforderungskatalog an die kommenden supraleitenden Werkstoffe ist, wie die schon zitierte Liste der japanischen Firma Sumitomo belegt, recht vollständig. Sie sagt jedoch nichts zu den japanischen Hauptinteressen. Da muß man schon das Forschungsprogramm des japanischen Ministeriums für Technologie und Industrie, abgekürzt MITI, heranziehen. Danach sollen japanische Unternehmen dann besondere staatliche Finanzhilfen erhalten, wenn sie ihre Arbeit auf drei Haupt-Gebiete konzentrieren:

- medizinische Anwendungen,
- Elektronik und Kommunikation,
- Energie und neue Transportsysteme.

Aus japanischer Sicht ist das völlig verständlich. Die medizinischen Anwendungen zielen auf eine starke Ausweitung des Marktes für Kernspin-Tomografen. Hier unterbieten jetzt schon japanische Firmen ähnliche Geräte ihrer Konkurrenten aus England, der Bundesrepublik und den Vereinigten Staaten.

Nach Ansicht westlicher Fachleute spielen natürlich niedrigere Lohn- und damit Fertigungskosten eine wichtige Rolle. Entscheidend dürfte es daher sein, mit technischen Verbesserungen den fernöstlichen Anbietern entgegentreten zu können.

Das bezieht sich beispielsweise auf höhere Magnetfelder und höhere sogenannte Anregungsfrequenzen. Diese Schwingungen sollen schrittweise über die heute üblichen sechshundert Hertz hinausgehen. Dann gelingt es nämlich, Auflösungen der abzubildenden »Gewebe-Punkte« von nur noch einem halben oder einem viertel Millimeter zu schaffen. Das wäre ein sehr wichtiger Schritt. Westliche Fachleute glauben, daß sie hier noch einen Entwicklungsvorsprung von drei Jahren vor ihren fernöstlichen Konkurrenten haben.

Anders sieht es bei den elektronischen Systemen aus, die dazu dienen, die Signale des Kernspin-Tomografen auf den Bildschirm zu einem Übersichtsbild zusammenzufassen. Hier haben japanische Unternehmen ganz gewaltig aufgeholt. Die Verfahren, die sie bei ihren Elektronen- oder bei Rasterelektronen-Mikroskopen einsetzen, kommen westlichen Standards schon sehr nahe. Das liegt daran, daß sie grafisch-elektronische Systeme zusammen mit der Datenverarbeitung forciert haben.

In Japan werden seit mehr als einem Jahrzehnt in zunehmendem Umfang Hochleistungs-Computer gefertigt, die selbst den großen amerikanischen Unternehmen einen äußerst scharfen Wettbewerb liefern. Bei den Kernspin-Tomografen setzt man weltweit Minicomputer ein, die ihren großen Brüdern, den »Mainframes«, nur noch in der Speicherkapazität unterlegen sind. Diese Maschinen können die Japaner aber fast genauso gut und leistungsfähig herstellen.

Etwas anders sieht es momentan noch bei den supraleitenden Kabeln aus. Auf diesem Sektor sind derzeit keine Konkurrenten

Heike Kamerlingh Onnes, etwa 1913 in seinem Tieftemperaturlabor *(Ullstein)*

oben: Versuchsproduktion »alter« supraleitender Stromkabel der AEG *(AEG)*
unten: Einblick in den komplizierten Aufbau dieser Kabel *(AEG)*

oben: Aufspulvorrichtung für nur zehn Millimeter dünne »alte« supraleitende Kabeldrähte *(VAC)*
unten: Querschnitt durch einen 10 mm dünnen supraleitenden Draht: die dreieckigen Teile sind $Niob_3$-Zinn-Fasern *(VAC)*

Gefüllte »Kartusche« mit kupferumhüllten Stäben aus Niobtitan. Anschließend erfolgt das Strangpressen *(VAC)*

auf dem Markt, die der Hanauer Vacuumschmelze Paroli bei der Fertigung der $Niob_3$-Zinn-Kabel bieten können. Solche supraleitenden, mit Helium zu kühlenden Kabel sind aber die Voraussetzung, um leistungsfähigere Magnetspulen zu bauen. Die Hanauer hoffen daher, daß sie ihren Vorsprung noch ein paar Jahre werden halten können. Deshalb verheimlichen sie auch gerne ihr spezielles Know-how bei der Fertigung solcher supraleitenden Kabel.

Falls der Vacuumschmelze dieser Vorsprung jedoch verlorengeht, gibt es noch einige andere exotische Supraleiter. Auch bei diesen Materialien wird Niob eingesetzt. Aber es wird zum Beispiel als Niobnitrid, also einer Niob-Stickstoff-Verbindung, benutzt. Niobnitrid ist im herkömmlichen Sinn ein keramischer Werkstoff. Zur gleichen Werkstoffgruppe zählen die Siliziumnitride, Aluminium- oder Zirkoniumnitrid. Sie weisen extrem hohe Härtewerte auf und sind sehr gut isolierende Werkstoffe. Mit diesen Keramiken hoffen Automobilproduzenten, in Zukunft wirtschaftlich arbeitende Motoren realisieren zu können. Nachteilig ist, daß diese Werkstoffe schwer herzustellen und auszuformen sind. Hinzu kommt, daß sie recht schlecht mit denjenigen Metallen (Eisen- oder Aluminiumguß) kombiniert werden können, die gegenwärtig im Motorenbau verwendet werden und dort die stützenden Funktionen übernehmen.

Ähnlich verhält es sich mit Niobkarbid, einer Verbindung aus Niob und Kohlenstoff. Karbide zählen ebenfalls zu den keramischen Werkstoffen. Die Sprödigkeit und Härte dieser Verbindungen macht es derzeit fast unmöglich, sie zusammen mit dem relativ weichen Kupfer so auszuziehen, wie es mit Zinn oder anderen Nioblegierungen gelingt.

Der zweite von den Japanern angepeilte Einsatzbereich betrifft die Elektronik zusammen mit der Kommunikationstechnik. Beide sind ganz eng miteinander verbunden: Nur mit modernen elektronischen Schaltungen, Schaltkreisen oder speziellen Bauelementen können weiterentwickelte Computer oder nachrichtentechnische Geräte aufgebaut werden. Hier kann es durchaus passieren, daß neuartige supraleitende

Drahtkabel den Glasfaserkabeln den Rang ablaufen, weil sie hundertfach schneller sind und hundertfach mehr Daten auf einer Leitung transportieren können.

Japan führt weltweit mit *Faserkabeln* zur Sprach- und Datenübertragung. Die größten Netze mit mehr als tausend Kilometer Länge sind dort bereits im Einsatz. Sie bewähren sich heute schon. Mit diesen Erfahrungen im eigenen Land treten die Japaner in den westlichen Industrieländern als Anbieter solcher Glasfaserkabel-Technologien auf. Die Amerikaner haben das zuerst zu spüren bekommen. Weil dort eigene Unternehmen ähnliche Kommunikationsmittel produzieren, beklagt man sich jenseits des Atlantiks über die auf diesem Gebiet wachsende japanische Konkurrenz. Durch supraleitende Drähte mit viel höheren Leistungen wird sich der ohnehin schon harte internationale Wettbewerb noch weiter verschärfen.

Was supraleitende *Computerschaltungen* anbetrifft, darf man nicht außer acht lassen, daß gerade der japanische Computerkonzern Hitachi große Hoffnungen auf diese Technologie setzt. Als »Bigblue«, wie IBM genannt wird, sich 1983 aus der Entwicklung zurückzog, sind Hitachi und andere Geldgeber in die Bresche gesprungen. Die Entwicklungsarbeiten des Inders Sadeg M. Faris, der als Mitarbeiter bei IBM am »Kryocomputer« arbeitete, sind noch aktuell. Er beurteilt die Chancen, einen solchen Computer realisieren zu können, nach wie vor sehr positiv.

Heute, nachdem die neuen Supraleiter entdeckt worden sind, existieren durchaus reale Möglichkeiten, hier weiterzumachen. Das hat neben Hitachi auch die indische Regierung herausgefunden. Sadeg Faris erhält daher auch starke finanzielle Unterstützung aus seinem Land. Es kommt hinzu, daß Indien ein wichtiges Lieferland für viele Seltenerdmetalle ist. Es hat großes Interesse, mit seinen immer wichtiger werdenden Rohstoffen »im Geschäft« zu bleiben.

Für die Computer-Technik, gibt auch Nobelpreisträger Professor Müller unumwunden zu, stellen die »Josephson-Junctions« ideale Schaltelemente dar. Nur, und das sollte seiner Ansicht nach bedacht werden, »schalten« sie als elektronische

Schaltelemente in einem sehr eng eingegrenzten Strombereich. Das macht ihre Verwendung schwierig gegenüber anderen Elektronikwerkstoffen wie Siliziumoxiden oder Galliumarseniden. Diese verkraften ohne Probleme Spannungsabweichungen von einigen Volt.

Die Japaner sind in allen elektronischen Anwendungen der neuen supraleitenden Werkstoffe hellwach. Sie sehen zahllose Einsatzchancen und konzentrieren sich auf Anwendungsgebiete, in denen sie sich mit den amerikanischen Anbietern in den kommenden Jahrzehnten einen weiterhin scharfen Wettbewerb liefern werden.

Amerikanische Unternehmen und die amerikanische Regierung sehen das ebenso. Das hat schon zu recht grotesk anmutenden Reaktionen amerikanischer Politiker geführt. Selbst US-Präsident Reagan hat sich in dieses Technologie-Gerangel eingeschaltet. Regierung wie Politiker vergessen aber gerade in den Vereinigten Staaten, daß Restriktionen, Verbote oder Vorzugsregelungen für eigene Industrieunternehmen mittel- wie langfristig überhaupt keinen Schutz vor ausländischer Konkurrenz darstellen.

Dennoch machte der Wissenschaftsberater des Weißen Hauses, William R. Graham, vor dem amerikanischen Kongreß recht vollmundige Äußerungen: »Niemand in der nordamerikanischen Regierung und der Industrie sollte zufrieden sein, bis nicht ein echt ›amerikanischer Durchbruch‹ im Labor und im Markt erzielt worden ist.« Die Zielvorgaben von Präsident Reagan für die amerikanische Industrie konkretisieren diesen Gedanken. Sie sind aber in den Vereinigten Staaten nicht unwidersprochen geblieben.

Ernest Ambler, Direktor der amerikanischen Normungsbehörde, »National Bureau of Standards«, abgekürzt NBS, sieht die Ursachen in ganz anderer Richtung: »Wir müssen grundsätzlich die Strategien in Industrie und Regierung ändern, um Struktur- wie Verhaltensbarrieren zu überwinden, die den kommerziellen Anwendungen der Supraleitung entgegenstehen.« Ein Ja für nationale Forschungsvorhaben also, aber ein Nein für ausschließlich politische Lösungen.

Die aufsehenerregenden Spionageprozesse in den fünfziger Jahren gegen Robert Oppenheimer belegen eindeutig, daß jede Technologie ihren Preis hat. Einzig die Sowjetunion könnte so gesehen für sich in Anspruch nehmen, daß sie etwas länger als die westlichen Industrieländer ihre technologischen Geheimnisse vor anderen verbergen kann.

Nach den amerikanischen Marktabschätzungen finden die neuen Supraleiter vornehmlich in der Elektronik- und der Instrumenten-Industrie wichtige Anwendungen. Dabei spielen die Amerikaner ihre Hoffnungen auf neuartige Sensoren für Satelliten hoch und für Verteidigungszwecke offensichtlich herunter.

So scheint es zum Beispiel recht einfach, neue hochempfindliche Magnetsensoren aus den Zürich-Oxiden herzustellen. Sie würden wohl in der Lage sein, wissenschaftliche Instrumente wie SQUIDs, die von zahlreichen Forscherteams gebraucht werden, deutlich zu verbilligen. Damit würden auch mehr Institute solche Instrumente anschaffen können. Aber diese Technologie ist unter Umständen auch in der Lage, die von sehr tief getauchten Unterseebooten ausgehenden Magnetfeldveränderungen von der Wasseroberfläche aus messen zu können. Besonders wenn derartige Sensoren zur U-Boot-Ortung von Schiffen, Hubschraubern oder Flugzeugen aus eingesetzt werden können.

Ein weiteres immer wichtiger werdendes Gebiet ist eine ganz erhebliche Verbesserung in der *Mikrowellentechnik.* Das betrifft sowohl die Verstärkung dieser Wellen wie ihre elektronische Weiterverarbeitung für Bild- und Nachrichtensysteme.

Nicht minder wichtig für die Militärs sind aber auch neuere *Infrarotlicht-Sensoren.* Die neuen Supraleiter eröffnen hier atemberaubende Möglichkeiten. Nach ersten Experimenten mit den neuen Supraleitern entwickelte man Sensoren, die selbst ganz schwache Infrarotlichtquellen registrieren. Das könnte sogar von Satelliten aus funktionieren.

Mehrere Forschergruppen in den Vereinigten Staaten planen solche Sensoren zu bauen, die in Satelliten in geostationären Bahnen, also in einer Entfernung von 36000 Kilometern den

Erdball umrunden. Diese neuartigen Sensoren sollen zusammen mit hochauflösenden elektronischen Bildsystemen zu Bildauflösungen von wenigen Quadratzentimetern in der Lage sein.

Das heißt zum Beispiel, daß man damit die »Wärmeabdrücke« von Stahlrädern auf Schienen registrieren kann. Sie bleiben eine Reihe von Stunden erhalten und könnten den Amerikanern möglicherweise anzeigen, auf welchen Strecken sowjetische Raketenspezialisten ihre neuen tonnenschweren Interkontinentalraketen vom Typ SS 24 transportiert haben. Wenn das gelingt – und zahlreiche Forschungsberichte deuten das unverhohlen an –, öffnen sich der Beobachtung aus dem erdnahen Weltraum ganz neue Möglichkeiten. Sie werden sicherlich in absehbarer Zeit von beiden Supermächten genutzt werden.

Skeptischer sind amerikanische Wissenschaftler dagegen, wenn es um die Nutzung der neuen Supraleiter bei der *Stromerzeugung* und beim *Stromtransport* geht. Eine Einschätzung, die auch von deutschen Wissenschaftlern, wie Professor Dr. Peter Komarek, Leiter des Instituts für Technische Physik des Kernforschungszentrums Karlsruhe, geteilt wird.

Eine noch laufende Marktbefragung des amerikanischen Instituts »Strategic Analysis Incorporated« schätzt diesen Bereich auch nur mit »sehr niedrig« ein. Das gilt ebenfalls für die neuen Supraleiter in Transportsystemen. Damit sind die seit mehr als einem Jahrzehnt laufenden Experimente mit den sogenannten *Magnetschwebe-Bahnen* gemeint.

Auf diesem Gebiet hegen allerdings die Japaner noch manche Hoffnungen. Sie stehen in Konkurrenz zum inzwischen erprobten System in Deutschland (in der Nähe von Oldenburg). Um die technologische Lösung derartiger neuer Eisenbahnsysteme wird seit Jahren kräftig gerangelt.

In der Bundesrepublik hat man recht frühzeitig erkannt, daß die heliumgekühlten Supraleiter nicht weiterhelfen. So hat man sich auf »normale« Hochleistungsmagneten in Linearmotoren gestützt.

Das System funktioniert. Die beteiligten Unternehmen in der Bundesrepublik hoffen, daß sie ihr System bei uns genauso vermarkten können wie auch in Übersee. Die Japaner, die immer noch mit supraleitenden Magnetsystemen experimentieren, sind ihre schärfsten Konkurrenten. Welches System als erstes in größerem Umfang von nationalen Eisenbahnverwaltungen akzeptiert werden wird, ist heute noch nicht entschieden.

Für ein kanadisches Magnetbahnprojekt setzen japanische Anbieter auf ihre Preiswürdigkeit. Hier können deutsche Unternehmen nicht so recht mithalten, weil sie ihre langjährigen Entwicklungskosten in ihre Kalkulation einbeziehen müssen. Zudem haben sich die Dollarkurse zu unseren Ungunsten verschoben.

Es ist heute wirklich verfrüht, die tatsächlichen Marktchancen für Magnetschwebebahnen aufgrund der neuartigen Supraleiter zu beurteilen. Dafür sind noch jahrelange Entwicklungsarbeiten und Erprobungen zu absolvieren, bis sich diese Technologie durchsetzen kann. Verkehrsfachleute stellen sich vor, daß etwa ab der Mitte des nächsten Jahrhunderts Magnetschwebebahnen in größerem Umfang realisiert werden. Diese Abschätzung geht auch aus einer amerikanischen Marktstudie hervor. Alle schienen- oder an feste Strecken gebundene Verkehrssysteme leiden unter denselben Schwierigkeiten: Sie können nicht mit dem Haus-zu-Haus-Verkehr von Last- und Personenwagen in Konkurrenz treten, ohne mit besonderen Vorzügen wie geringen Betriebskosten oder einem erhöhten Komfort aufzuwarten.

In Großbritannien existiert eine sehr leistungsfähige Industrie, die hochempfindliche Meßgeräte herstellt. Die ersten SQUID-Meßgeräte kamen von »Oxford Instruments« in England. Dieses Unternehmen wird seine weltführende Position hart verteidigen. Das gilt hauptsächlich gegenüber der fernöstlichen Konkurrenz.

Man hofft in England, daß bei elektronischen Anwendungen neue Marktchancen aufgetan werden. Das bezieht sich zum Beispiel auf so interessante Gebiete wie die »magnetische Separationstechnik«. Mit ihr ist es möglich, durch sehr große

Magnetfelder Materialgemische aufzutrennen. Verfahren dieser Art können für die Rohstoff- und Erzaufbereitung eingesetzt werden. Sie können aber ebenso in der Umweltschutztechnik eingesetzt werden.

Auch in Frankreich und in der Bundesrepublik laufen einige Versuchsprojekte. Die Erfolge wären ganz erheblich besser, wenn man supraleitende Magnete mit Stickstoffkühlung einsetzen könnte statt Elektromagneten herkömmlicher Art. Theoretische Berechnungen haben nämlich ergeben, daß durch die neuen Supraleiter rund hundertfach stärkere Magnetfelder erzeugt werden können.

Es muß an dieser Stelle auch gesagt werden, daß ein britisches Forschungslabor vor den Entdeckungen von Müller und Bednorz mit fast identischen Keramiken versucht hat, Magnet-Separatoren herzustellen. Allerdings dachte keiner der Techniker bei seinen Arbeiten daran, die Keramiken auf ihre Sprungtemperatur hin genauer zu untersuchen. Wie das Unternehmen, die Firma »Basic Volume Inc.« in Southampton, wissen ließ, wird seit vier Jahren versucht, mehrere Röhrchen aus dem Keramikmaterial zu bündeln und mit ihnen als »Abscheidern« Lösungen von erzhaltigen Mineralien zu waschen oder auch Klärschlämme zu säubern. Das Verfahren hat nun natürlich einen starken Impuls erhalten und wird intensiv bis zur Praxisreife vorangetrieben.

Ähnlich vielversprechende Experimente haben Techniker der Vacuumschmelze und der Siemens AG in Erlangen an mit Metallsalzen verschmutzten Gewässern im Rhein-Main-Gebiet unternommen. Hier wurden neuartige »normale« Magneten aus Neodym-Bor-Eisen-Mischungen erprobt, bei denen sich auch erstaunliche Abtrennungskräfte zeigten.

Weder in England noch hierzulande sind die Versuche so weit gediehen, daß sie großtechnisch in der Praxis eingesetzt werden können. Aber für die betreffenden Unternehmen öffnen sich vielversprechende neue Anwendungen von Magneten mit oder ohne Supraleitung.

Die Forschungs- und Entwicklungsarbeiten in der Bundesrepublik richten sich nach allem, was bisher bekannt geworden ist, eher auf *großtechnische Anwendungen*: auf supraleitende Stromgeneratoren, auf den Bau von supraleitenden Kabeln für extrem hohe Magnetfelder.

Komarek ist nicht davon überzeugt, daß sich im europäischen Elektrizitäts-Verbundnetz in absehbarer Zeit supraleitende Stromkabel anstelle der Freileitungen rentieren werden. Die Verhältnisse in Europa sind eben anders als in Japan oder in den Vereinigten Staaten. In diesen Ländern gibt es nämlich kein enggespanntes Verbundnetz. Daher mag es sich schon in relativ kurzer Zeit dort rentieren, bestimmte »Stromschienen« mit supraleitenden Kabeln auszustatten.

Dafür existieren aber im europäischen Verbundnetz ganz andere Verbesserungsmöglichkeiten. Sie würden gerade mit supraleitenden Komponenten nicht minder interessante Einsparungen eröffnen. Dazu zählen beispielsweise supraleitende Schaltaggregate, die sehr hohe Spannungen und Ströme besser verkraften als die heute eingesetzten Schalter.

Ebenso wären supraleitende sogenannte *Strombegrenzer* von großem Vorteil. Strombegrenzer haben in einem so eng vermaschten Netz, wie es das europäische Verbundnetz darstellt, die Aufgabe, Kurzschlüsse zu vermeiden. Sie schalten blitzschnell, in Bruchteilen von Sekunden, Ströme mit Über- und Unterspannung ab. Sie arbeiten quasi wie die Sicherungen, die in jedem Haushalt eingebaut sind und die eng begrenzte Strommengen fließen lassen.

Durch die Kopplung von Hunderten von Kraftwerken im europäischen Verbundnetz müssen nämlich Stromspitzen, die beim Zu- und beim Abschalten aus physikalischen Gründen auftreten, ausgeschlossen und zuverlässig vermieden werden. Die dafür nötigen Aggregate gibt es schon. Aber sie sind in ihren Schaltfähigkeiten längst nicht so schnell und zuverlässig, daß sie nicht noch verbessert werden könnten.

Jede positive oder negative Stromspitze stellt auch Energie dar, die Geld kostet. Wenn sich derartige Spitzen fast vollständig vermeiden lassen, sinken die Stromkosten. Das Ausmaß ist schwer zu schätzen, weil es keine exakten Meßverfahren für die Energiemengen solcher Lastspitzen gibt.

Der Elektroindustrie öffnet sich also ein recht weites Feld mit den neuen Supraleitern. Wenn es gelingt, diese Schalter in wenigen Jahren marktreif zu machen, werden sie wirtschaftliche Vorteile einbringen. Damit öffnet sich andererseits auch die Möglichkeit, supraleitende Kabel und »kleinere« Komponenten im Praxistest zu beobachten, ohne zu große Risiken einzugehen. Auf diese Weise können mit den neuen Supraleitern so viele Erfahrungen erarbeitet werden, daß größere Anwendungsbereiche erschlossen werden.

Weitere interessante Schaltelemente sind Netz-Stabilisatoren und Transformatoren. Netzstabilisatoren halten nach vorgegebenen Werten ganze Netzgruppen gegenüber allen Strom- und Spannungsabweichungen stets auf dem gleichen Niveau. Die Transformatoren, die hier gemeint sind, werden von Kraftwerken zwischengeschaltet, wenn der von den Generatoren erzeugte Strom »hochtransformiert« wird, um in ein Netz eingespeist werden zu können.

Mit supraleitenden Baugruppen können deshalb wirtschaftliche Vorteile verwirklicht werden, weil alle herkömmlichen Aggregate dieser Art recht hohe Verlustleistungen erbringen. Es muß jedoch festgestellt werden, daß innerhalb der vergangenen zehn bis fünfzehn Jahre große Anstrengungen unternommen wurden, alle Verlustleistungen schrittweise zu verringern. Anfang der siebziger Jahre rechneten die Betreiber von Stromnetzen in der Bundesrepublik Deutschland noch mit Verlusten um fünfzehn Prozent der erzeugten elektrischen Energie.

Heute ist dieser Anteil auf etwa fünf Prozent geschrumpft. Das hängt mit einem ganzen Bündel von technischen Verbesserungen zusammen, das die Elektrizitätsversorgungsunternehmen, die EVUs, in Angriff genommen haben.

Dazu zählen etwa *Kompensationseinrichtungen für die sogenannten Blindströme.* Unter Blindströmen werden diejenigen elektrischen Energiemengen verstanden, die von EVUs zwar aufgebracht, also geliefert werden müssen, die aber keinen der Stromzähler ansprechen lassen.

Eigentlich eine ganz tolle Sache: Man zapft Strom ab, aber er kann von allen heutigen Stromzählern nicht gemessen werden. Es ist aber kein Rezept, um seine Stromrechnung zu reduzieren. Es funktioniert zwar auch in jedem Haushalt, wir merken jedoch nichts davon, weil wir die Leistungen der Blindströme nicht feststellen können.

Der von Technikern geprägte Begriff »Blindstrom« ist eigentlich schlecht gewählt. Aber er hat sich nun einmal eingebürgert: Alle elektrischen Motoren, die mechanische Drehenergien liefern sollen, können das nur dann, wenn in ihnen ein ausreichend starkes Magnetfeld »aufgebaut« wird. Ohne Magnetfeld plus Strom kann kein Motor eine mechanische Energieleistung erzeugen und dann abgeben. Mit »blind« ist gemeint, daß diese »magnetischen Vorleistungen« auf unseren stromabhängigen Energiezählern nicht auftauchen. Es handelt sich quasi um einen »Spannungsvorschuß« – der das Magnetfeld aufbaut –, und dann, wenn es vorhanden ist, wird von den Zählern meßbarer Energieverbrauch angezeigt.

Die Versorgungsunternehmen kalkulieren verlorene elektrische Energie natürlich ein. Auf unseren Stromrechnungen erscheinen allerdings keine Angaben über die Größenordnung der bereitgestellten Blindleistung. Im Strompreis sind sie dennoch enthalten. Wenn man jedoch versucht, Angaben über dieses Graufeld unserer Energieversorgung zu erhalten, stößt man auf ein großes Schweigen. Kein Stromlieferant möchte offenlegen, wie hoch er in seinem Versorgungsnetz die Blindleistungen veranschlagen muß.

Bei Großabnehmern von elektrischer Energie wissen Unternehmen und Stromlieferant recht genau, welche Strommengen nötig sind, um allen vorhandenen Elektromotoren das erforderliche Magnetfeld zu offerieren. Wenn ein solches Unternehmen selbst Maßnahmen in der Schaltungstechnik ergreift, um die Blindstrombelastung gering zu halten, kann es für seine Stromrechnung mit happigen Rabatten von seiten der EVUs rechnen.

Im Haushaltsbereich geht das nicht. Hier rechnen die Versorgungsunternehmen, daß sie bis zu zehn Prozent der abgenommenen Strommengen auf das Konto Blindleistung abzurechnen haben. Aggregate zur Kompensation von Blindströmen könnten zwar auch in Privathaushalten benutzt werden. Aber das scheint derzeit überhaupt nicht im Sinn der EVUs zu liegen. Es würde nämlich das heute gängige Verrechnungssystem für private Stromabnehmer durcheinanderbringen und darüber hinaus den einzelnen Haushalt mit zusätzlichen Kosten belasten. Belastungen, die möglicherweise nur wenige bereit wären zu tragen.

Elektromotoren liefern uns zwar große Mengen an mechanischer Energie, ihre Wirtschaftlichkeit läßt jedoch zu wünschen übrig. Die Masse der in Haushalten und in Büros eingesetzten Elektromotoren ist eine riesige Quelle der Energieverschwendung. Der Wirkungsgrad kleinster und kleiner Elektromotoren liegt weit unter sechzig Prozent. Und je mehr dieser Motoren in der Alltagspraxis auftauchen, desto größer werden insgesamt die Verlustleistungen.

Die neuen supraleitenden Werkstoffe werden uns bei der Bekämpfung dieser Energieverschwendung vorerst kaum weiterhelfen. Hier können am ehesten neuartige Magnetwerkstoffe von Vorteil sein. Sie gibt es schon. Aber sie sind recht teuer herzustellen. Daher scheuen sich auch viele Elektrofirmen, die neuen Magnete einzusetzen. In Produkten der Konsumindustrie herrscht gegenwärtig ein so scharfer Wettbewerb, daß kaum ein Unternehmen geneigt ist, Argumente der Wirtschaftlichkeit und der Stromeinsparung aufzugreifen.

Bei diesen neuen Werkstoffen handelt es sich um Metallegierungen aus dem Seltenerdmetall Neodym mit Eisen und mit Bor. Magnete aus diesem Material benutzte auch Bundesforschungsminister Dr. Heinz Riesenhuber, um die neuen keramischen Supraleiter vor der Presse zu demonstrieren. Diese Magnetwerkstoffe liegen in ihren magnetischen Eigenschaften sehr scharf an der oberen theoretischen Grenze dessen, was magnetische Werkstoffe an Feldstärken und an magnetischem Fluß überhaupt erbringen können.

Es ist interessant zu wissen, daß auch diese Magnetwerkstoffe, die bei tiefsten Temperaturen *nicht* supraleitend werden, ein Metall aus der Gruppe der Seltenerdmetalle enthalten.

Das Seltenerdmetall Neodym unterscheidet sich lediglich in seiner Atommasse von Lanthan, Yttrium oder Barium. Ein weiterer Hinweis, daß atomare Elektronen-Reaktionen für die besonderen supraleitenden Eigenschaften verantwortlich sind. Diese Eigenschaften hängen ganz eng mit den magnetischen Eigenschaften zusammen.

Von einer »Supraleitungs-Industrie« kann vorerst noch kaum gesprochen werden. Daß sie in wenigen Jahren entstehen wird, daran zweifeln weder Marktfachleute noch Industriemanager: »Die Nutzung und Umsetzung der neuen Supraleiter in verkaufsfähige Produkte ist eine riesige Herausforderung.«

Zwei Entwicklungsrichtungen sind derzeit übersehbar:

- Es gibt einen relativ kleinen Kreis von international tätigen Unternehmen, die sich seit Anfang der sechziger Jahre mit den »alten« Supraleitern befaßt haben. Sie produzieren zumeist die in der Medizin eingesetzten Kernspin-Tomografen sowie supraleitende Magnete für große Forschungsanlagen. Mit ihrem Wissen um die Produktionsschwierigkeiten dieser Supraleiter sind sie selbstverständlich stark daran interessiert, auch die neuen Supraleiter in ihr Fertigungsprogramm aufzunehmen. Zu dieser Gruppe zählen hauptsächlich deutsche, europäische und nordamerikanische Unternehmen.
- Seit den Entdeckungen von Müller und Bednorz suchen Scharen von anderen Unternehmen oder selbst eigens dafür gegründete Betriebe, auf den angefahrenen »Supraleitungs-Zug« aufzuspringen. Sie setzen dabei auf den kommenden Milliarden-Markt und finden besonders in den Vereinigten Staaten Investoren, die auf große Gewinne spekulieren. Aber ebenso haben die japanischen Wirtschaftsbehörden erkannt, daß sie hier in Zukunft mitmischen können. Dabei spielt die Kenntnis und das sehr große Wissen der Japaner um die Probleme mit keramischen Werkstoffen eine ausschlaggebende Rolle.

So wird es ganz zwangsläufig zu heftigen Auseinandersetzungen im internationalen Markt um die neuen Supraleiter und schärfer noch um ihre Einsatz- und Anwendungsgebiete kommen müssen.

Die in die Tausende gehenden Patentanmeldungen japanischer Unternehmen und Konzerne sind dafür ein beredter Ausdruck und stellen ein so deutliches Zeichen dar, daß sogar amerikanische Politiker und Wissenschaftler davon beeindruckt waren. Sie fürchten um die amerikanische Vormachtstellung auf dem Gebiet dieser neuen Technologien. Ihre Reaktion und Antwort darauf wird in Europa jedoch kaum verstanden: Mit Eintagsfliegen ist es hierzulande nicht getan. Die Supraleitung ist ein sehr schwieriges materialtechnisches und produktionstechnisches Gebiet. Wer hier übereifrig investiert, kann recht schnell auf den Bauch fallen, wie sich in den sechziger und siebziger Jahren zeigte. Damals waren ähnlich hohe Erwartungen erweckt worden, Strom billiger zu transportieren und Magnetschwebebahnen als Verkehrs-Konkurrenz zum regionalen Luftverkehr einzusetzen.

All das hat sich weit weniger in die Tat umsetzen lassen, als die Fachleute prognostiziert hatten und tatsächlich auch realisieren konnten. Einzig die medizinischen Diagnosegeräte ließen sich vermarkten. Alle anderen Hoffnungen mußten bis auf wenige Ausnahmen (wie etwa Forschungsanlagen für die Hochenergie-Physik) wieder fallen gelassen werden.

Damals wurden weltweit Hunderte von Millionen Dollar in die Erforschung und Entwicklung der Supraleiter gesteckt. Sie haben sich nur für ganz wenige Unternehmen wirklich ausgezahlt. Selbst die Hanauer Vacuumschmelze gesteht heute ein, »daß höchstens die Hälfte aller bisher in die Produktion für supraleitende Kabel gemachten Investitionen ›zurückgeflossen‹ ist«. So Geschäftsführer Guenther Lenhard.

In den Vereinigten Staaten ist es anderen Firmen ebenso ergangen. Lediglich in Japan haben die dortigen Unternehmen etwas mehr Glück gehabt: Sie profitierten von den europäischen und amerikanischen Forschungs- und Entwicklungsarbeiten und konnten wegen der geringeren Lohnkosten ihre medizinischen Kernspin-Tomografen billiger als ihre amerikanischen und europäischen Mitbewerber auf den Markt bringen.

Mit den neuen Supraleitern wird sich der doch recht enge Spezialmarkt freilich noch mehr zuspitzen. Aber ob eine Verfünffachung des Umsatzes von heute 150 auf 750 Millionen Dollar weltweit ausreicht – wie sie nordamerikanische Marktforscher voraussehen –, um die nötigen Investitionen und Entwicklungsarbeiten voll zu finanzieren, bleibt derzeit ungewiß. Es wird eher so sein, daß die an diesem Markt partizipierenden Unternehmen die neuen Supraleiter in anderen Marktbereichen *zusätzlich* einzusetzen versuchen.

Das kann von großem Vorteil für die involvierten Unternehmen sein. An Möglichkeiten herrscht kein Mangel: zum Beispiel Schaltgeräte oder Schaltbausteine für die Stromversorgung, Frequenzregler, Strombegrenzer oder für Hochspannungstransformatoren. Als Praxistest für derartige Anlagen scheinen sich nach Berichten auf den Fachkongressen und Symposien die magnetischen Trenntechniken herauszuschälen.

Anders sieht es auf dem vergleichbar »kleiner« erscheinenden Markt für supraleitende Komponenten in der Elektronik aus. Die großen Computer-Konzerne könnten zeitlich vor den anderen aufsehenerregenden Anwendungsbereichen zu Erfolgen kommen. Es wird sich dabei um *supraleitende Schaltungen* handeln, die von außen als solche kaum zu erkennen sein dürften.

Vor allem die nordamerikanische IBM-Korporation wird sich die Marktchancen nicht entgehen lassen. Schließlich sind die neuen Supraleiter ja in ihrem Schweizer Forschungsinstitut entdeckt worden. Dafür hat der Konzern über Jahrzehnte Millionenbeträge in dieses Forschungsinstitut investiert. Die gewonnenen und erarbeiteten Ergebnisse wollen verständlicherweise vom Konzern auch selbst genutzt werden.

Diese Aufzählung macht deutlich, warum es seit der ersten Veröffentlichung von Müller und Bednorz zu einem »Forschungs-Boom« ohnegleichen kam. Mit dem Schlüssel der neuen keramischen Metalloxid-Supraleiter war eine jahrzehntealte Barriere übersprungen worden. Nun gilt es, im Supraleitungsrennen mitzuhalten.

Für Europäer ist es erstaunlich, daß sich besonders in den Vereinigten Staaten viele private Unternehmungen etablierten, die die Supraleitung nutzen wollen. Man sollte jedoch hierzulande nicht vorschnell über diese Aktivitäten urteilen. Schließlich haben uns eine ganze Reihe von amerikanischen Forschungslabors in den letzten zehn Jahren einiges vorgemacht. Ich denke hier an naturwissenschaftliche Grundlagenbereiche, wie die Biotechnik und die Gentechnologie, in denen auch hierzulande geforscht wurde. Die durchschlagenden Erfolge jedoch gehen eindeutig auf das Konto der amerikanischen Forschungslabors.

Man weiß das in Europa. Und es gibt zahlreiche Anzeichen dafür, daß man sich bei der Supraleitung nicht von »den Amerikanern« überrollen lassen will.

Einer jüngsten amerikanischen Übersicht zufolge gibt es weltweit rund dreiundvierzig Firmen und Konzerne, die in der Supraleitung aktiv sind. Allein fünfundzwanzig sind für die Vereinigten Staaten aufgelistet. Das mag auf den ersten Blick erstaunlich sein, aber darunter fallen allein vier Gesellschaften, die hauptsächlich erst Anfang der achtziger Jahre am Tomografie-Markt teilhaben wollten. Weitere elf sind Neugründungen, die erst 1987 auftraten.

Vor allem sind es kleinere Firmen, die sich auf bestimmte Teilaspekte konzentrieren wollen und die sich lediglich die Produktion bestimmter Komponenten zum Ziel gesetzt haben. Nur ein kleiner Teil dieser Gesellschaften aber kann heute schon ausgereifte Produkte anbieten.

Insgesamt sind zehn Unternehmen in den Vereinigten Staaten schon Ende der sechziger oder Anfang der siebziger Jahre ins Supraleitungsgeschäft eingestiegen. Sie entstanden als Hersteller für supraleitende Magnete für Teilchenbeschleuniger und andere Anlagen, die in der Hochenergiephysik und der Sensortechnik gebraucht wurden.

Eine vergleichbare Dynamik ist auch in Japan zu beobachten:

Von elf Unternehmen haben nur fünf sich schon seit Beginn der sechziger Jahre mit der Supraleitung beschäftigt. Außer einem Unternehmen, der Fujitsu Ltd., die etwa seit 1977 Forschungsarbeiten mit Josephson-Übergängen betreibt, waren vier in die japanischen und die international verabredeten Hochenergie-Experimente einbezogen.

Es ist bemerkenswert, daß die zahlreichen Neuankömmlinge sich unter der Federführung des japanischen Ministeriums für Technologie und Industrie zu einem Sonderprogramm zusammenfanden. Bis 1990 hat die japanische Regierung blitzschnell 230 Millionen Dollar an Forschungsgeldern und Entwicklungsunterstützungen lockergemacht.

Die Schnelligkeit, das starke staatliche Engagement und die Bereitschaft der japanischen Industrie hat die Nordamerikaner erschreckt. Sie haben darauf mit einem ähnlichen, aber kleineren Forschungsprogramm geantwortet. Die zahlreichen Neugründungen im Jahre 1987 sind staatlich gewollt und können mit staatlichen Hilfen rechnen.

In Europa ist es in Sachen Supraleitung erheblich ruhiger zugegangen. Die Europäische Kommission hat zwar noch vor den Amerikanern und Japanern eine Fachkonferenz nach Genua zusammenrufen können. Aber Firmenneugründungen sind hierzulande nicht zu vermelden. Das schließt nicht aus, daß sie – wie bei anderen internationalen Vorbildern – noch folgen können. Die Schwerpunktländer der europäischen Supraleitung sind die Bundesrepublik Deutschland und Großbritannien. Frankreich kann mit der Beherrschung der Rohstoffe aus den Seltenerdmetallen aufwarten sowie mit der »Alsthom-Gruppe«, die in der Elektrizitätsversorgung vom Generator bis zur Magnet-Separation aktiv ist.

Die amerikanische Auflistung nennt von sechs europäischen Firmen allein vier aus Großbritannien. In Deutschland dagegen sollen nach dieser Aufstellung lediglich die Siemens AG und die BBC AG in Sachen Supraleitung arbeiten. Die Vacuumschmelze GmbH in Hanau fertigt supraleitende Kabel und Magnete. Sie werden jedoch nicht allein an die Muttergesellschaft, die Siemens AG, geliefert, sondern weltweit vertrieben.

Der Marktanteil der Vacuumschmelze ist daher auch sehr schwer abzuschätzen. Er dürfte mehr als ein Drittel des heutigen Weltmarkts mit den »alten« Supraleitern betragen.

Die bedeutendsten britischen Mitbewerber der Siemens AG sind die britische »General Electric Company PLC« in London sowie die »Oxford Instruments Group« in Oxford. Die General Electric ist jedoch nicht mit der nordamerikanischen »General Electric Company« identisch, obwohl aus historischer Sicht beide Gründungen des Amerikaners Edison waren. Heute arbeiten beide Konzerne völlig getrennt voneinander. Beide Gesellschaften widmen sich den schwachstromigen Supraleitungsanwendungen in Form der SQUIDs und abgeleiteter Sensoren. Die britische General Electric ist zudem Zulieferer der Elektrizitätsversorgungsunternehmen in England. Daher stehen Forschungsarbeiten für Hochspannungsschalter, für Stromgeneratoren sowie für supraleitende Magneten und Kabel in ihrem Aufgabenkatalog.

Die amerikanische Liste erwähnt nicht den niederländischen Philips-Konzern. Wie seinen Forschungsberichten zu entnehmen ist, wird zumindest seit 1987 intensiv an der Entwicklung der neuen supraleitenden Werkstoffe geforscht. Philips liefert neben Glühlampen eine große Palette elektrischer und elektronischer Bauteile und Geräte.

Wer nach diesen Beschreibungen die Weltmarktsituation betrachtet, versteht die Euphorie in den Vereinigten Staaten und in Japan besser. Er kann dann auch abschätzen, daß die Europäer recht gut dastehen. Amerikaner wie Japaner haben für den kommenden, sich ausweitenden Markt vielleicht deshalb schlechtere Karten, weil in diesen Ländern seit den siebziger Jahren nicht kontinuierlich weitergeforscht wurde. Der Markt der Supraleitungs-Magneten galt dort nur als unbedeutender Bereich für physikalische Forschungsanlagen einschließlich der Kernfusion.

In Europa dagegen sind seit dieser Zeit weiterforschende Arbeitsgruppen zusammengeblieben. Komarek sieht den Grund in der anderen Entwicklungspolitik jenseits des Atlantiks: »Wenn dort eine Neuentwicklung nicht rasch genug in die Praxis umgesetzt werden kann, wird sie allzu schnell wie eine heiße Kartoffel fallengelassen.«

Beispiele dafür gibt es genug: Der DuPont-Konzern war schon seit 1975 an der Entwicklung der »alten« Supraleiter interessiert. Er stellte die Forschungsarbeiten Anfang der achtziger Jahre ein, um erst 1987 wieder neue Arbeitsgruppen aufzustellen.

Nicht anders ist IBM verfahren. Bis 1983 wurden weltweit rund zweihundert Millionen Dollar in den als »Kryo-Computer« bezeichneten superschnellen Computer gesteckt, die Entwicklung dann aber wegen zu vieler Schwierigkeiten eingestellt.

Müller war in Rüschlikon an diesen Forschungsarbeiten beteiligt. Seine Entdeckung der Zürich-Oxide zusammen mit Bednorz hat eine direkte Verbindung zu diesen früheren Forschungsarbeiten.

Die IBM-Forschungen auf diesem Gebiet sind jedoch nicht völlig eingestellt worden. Der damals verantwortliche Forschungsleiter für den Supraleitungs-Computer, der aus Indien eingewanderte Sadeg Faris, wollte nicht aufgeben und gründete zur Weiterentwicklung von supraleitenden Josephson-Übergängen die »Hypres Inc.« Die Gesellschaft verkaufte Lizenzen, hauptsächlich nach Japan, und will nach eigenen Angaben schon bald erste einsetzbare Schaltkreise und Bauteile verkaufen.

Hypres hat inzwischen auf der Basis von Josephson-Übergängen extrem schnell arbeitende Computer-Terminals gebaut, die rund zehnmal schneller arbeiten als alle bislang benutzten. Ein weiteres Gebiet sind besonders hochauflösende Oszilloskope und winzige, aber äußerst empfindliche und »breit« auflösende Radar-Sensoren sowie andere Sensoren für geophysikalische, astrophysikalische, magnetische und auch für neurale Meßsysteme. Hypres Inc. wurde mit Venture-Kapital finanziert und verfügt heute über ein Grundkapital von rund neun Millionen Dollar. Über bislang erzielte Umsätze liegen keine verläßlichen Angaben vor.

Die Gesellschaft ist sicherlich diejenige, die in naher Zukunft als erste in einigen Spezialanwendungen Josephson-Übergänge wird verkaufen können. Sie gilt zahlreichen anderen amerikanischen Neugründungen als Vorbild, im Elektronik-Markt mit den neuen Supraleitern Fuß fassen zu können.

Welche Aufgaben den amerikanischen Forschergruppen zugewiesen werden sollen, geht aus einer neueren Zusammenfassung hervor. Sie wurde von vier Arbeitsgruppen aufgestellt. Als Sprecherin fungierte die »Chemistry Division of Naval Research« in Arlington im Bundesstaat Virginia. Es ist ein Forschungsinstitut, das dem amerikanischen Verteidigungsministerium zuzuordnen ist und das die besonderen Belange der amerikanischen Marine berücksichtigt. Dieser Aufgabenkatalog ist eine Ergänzung der japanischen Übersicht der Firma Sumitomo, aber mit konkreteren Zielvorstellungen.

Ihr Forschungsleiter, David L. Nelson, stellte als Sprecher seines Teams acht grundlegende Forderungen auf. Sie decken sich mit den Wünschen der US-Regierung, stimmen aber auch mit den Zielen überein, die Physiker wie Werkstofftechniker in anderen Ländern aufgelistet haben. Einige seiner Wünsche seien hier aufgeführt:

- Genaue Untersuchung der Verhaltensweisen und der Reaktions-Kinetik in den neuen Hochtemperatur-Supraleitern. Dazu sollen mikroskopische und statistische Theorien aufgestellt werden, deren Voraussagen experimentell nachgeprüft werden können;
- verläßliche Synthese- und Herstellungs-Verfahren für die neuen Supraleiter;
- auch für große Stücke und Mengen, für dünnschichtige Überzüge oder Filme sowie für andere Ausformungen der Metalloxide;
- Sicherung der Langlebigkeit der neuen Supraleiter;
- Entwicklung von vergleichsfähigen Meßgrundlagen, um die neuen Supraleiter in der Herstellungstechnik exakt kontrollieren und vergleichen zu können;

- intensive Suche nach neueren chemischen Verfahren für ähnliche Supraleiter in vergleichbaren, wirkungsvollen Strukturen;
- Entwicklung von optimierten Verfahrenstechniken anhand des bis dahin erarbeiteten neuen Grundlagenwissens, um Drähte, Kabel, Bänder, folienartige Filme und speziell geformte Bauteile produzieren zu können. Sie sollen sowohl für den Einsatz als einzelne, kleine Bauteile als auch für großvolumige Anlagen oder Komponenten geeignet sein;
- Entwicklung der grundlegenden Auslegungs- und Konstruktionsparameter, um die neuen Werkstoffe ingenieurtechnisch beherrschbar zu machen.

Die riesige Wunschliste macht deutlich, was in den nächsten Jahren für Forschungs- und Entwicklungsarbeiten zu erledigen sind, bevor im kleinen oder auch im größeren Maßstab mit dem Bau von ersten Versuchsanlagen oder Praxistests begonnen werden kann. Der Weg zu großtechnischen Anlagen ist noch sehr lang.

Der *militärpolitische* Gesichtspunkt kommt bei diesem Forderungskatalog nicht heraus. Aber schließlich versucht die amerikanische Marineforschung jetzt schon, also mit den heute zugänglichen »alten« Supraleitern, Bootsantriebe für Untersee- und Schnellboote zu entwickeln. Sie versprechen Raum- und Gewichtseinsparungen und damit verbesserte Einsatzwerte für die Schiffe der US-Flotte.

Liste der wichtigsten heute tätigen Unternehmen auf dem Gebiet der Supraleitung

American Magnetics, Inc., Oak Ridge/Tennessee (USA)
Gegründet 1968 zur Nutzung der Forschungsergebnisse des amerikanischen Forschungslabors in Oak Ridge. Befaßt sich mit Meßinstrumenten und kleinen Magneten. Sie produziert supraleitende Magnete bis zu vierzehn

Tesla aus $Niob_3$-Zinnlegierungen. Die Umsätze liegen bei etwa fünf Millionen Dollar.

AT & T Bell Laboratories, Murray Hill/New Jersey (USA)
Dieses Industrieforschungslabor befaßt sich seit 1950 mit Grundlagen- und angewandter Supraleitungs-Forschung. Schon 1953 wurden hier die Niob-Zinnlegierungen als Supraleiter entdeckt. Der Physiker Bertram Batlog hat Verfahren entdeckt, supraleitende neue Keramiken zu dünnschichtigen Bändern zu verarbeiten, die bei neunzig Kelvin supraleitend sind. Das Material wird in Josephson-Übergängen für elektronische Schaltungen benutzt werden. Das Labor verfügt über ein Finanzvolumen von mehr als zwei Milliarden Dollar jährlich.

Brown Boveri & Co, Baden (Schweiz) und Mannheim (Bundesrepublik Deutschland)
Die BBC gehört zu den ersten Lieferanten supraleitender Großmagneten aus Niob-Titanlegierung für Kernfusion-Forschungs-Anlagen in Europa und Übersee. Die Gesellschaft gehört zur schwedischen ASEA AB.

National Bechtel Inc., San Francisco/Kalifornien (USA)
Die Gesellschaft befaßt sich mit der Entwicklung und dem Bau supraleitender Energiespeichersysteme im Bereich von Megawatt-Stunden-Leistungen. Installierte Versuchsanlagen erbrachten Einnahmen über hundertundvierzig Millionen Dollar.

Biomagnetics Technologies Inc., San Diego/Kalifornien (USA)
Arbeitet schon seit 1970 mit der Supraleitung. Das Schwergewicht liegt auf der Entwicklung und Vermarktung von sogenannten SQUIDs, hochempfindlichen supraleitenden Magnetfeldsensoren. Seit 1982, als magnetische Reaktionen des Gehirngewebes beobachtet wurden, konzentriert sich das Unternehmen auf die Entwicklung von »Neuro-Magnetometern«. Die Firma wird

durch Venture-Kapital aufgebaut und erzielte 1987 knapp vier Millionen Dollar an Umsatz.

Cryogenic Consultants Ltd. Systems, London (Großbritannien)
Arbeitet schon seit 1970 in der Supraleitung: magnetische Abscheidungsverfahren für die Porzellan-Industrie, kompakte Helium-Rückkühlanlagen sowie Herstellungsverfahren für Josephson-Übergänge für elektronische Anwendungen. Das Unternehmen erhielt kürzlich erst Aufträge für den Bau von besonderen Hochfeldmagneten für das amerikanische Bureau of Standards, IBM, Bell Laboratories, die internationale Maß- und Gewichtsbehörde in Paris sowie für ein Max-Planck-Institut. 1986 erreichte es Umsätze in Höhe von knapp einer Milliarde Dollar.

Energy Conversion Devices, Inc., Troy/Michigan (USA)
Ein Entwicklungslabor, das seit 1977 an der Grundlagenforschung zur Supraleitung teilhat. Werkstoff-Fragen stehen im Vordergrund, erste Ergebnisse amorpher Supraleiter liegen vor. Nicht nachgeprüft sind Sprungtemperaturen derartiger Materialien bei mehr als dreihundert Kelvin. Die Gesellschaft wird als Abschreibungsunternehmen finanziert und hat bisher keine Gewinne vorzuweisen: 1986 wurden Verluste in Höhe von knapp dreißig Millionen Dollar ausgewiesen, denen Einkünfte von etwas mehr als zwanzig Millionen Dollar gegenüberstanden.

GA Technologies, Inc., San Diego/Kalifornien (USA)
Baut seit 1957 supraleitende Hochleistungsmagnete für Großforschungsanlagen der amerikanischen Normungsbehörde, der Marineforschung, des Verteidigungsministeriums und der US-Luftwaffe, dazu auch Magnete für die medizinischen Kernspin-Tomografen. Die Umsätze lagen 1986 über hundertundfünfzig Millionen Dollar.

General Dynamics Corporation, San Diego/Kalifornien (USA)
Baut supraleitende Magnete seit Ende der siebziger Jahre für die Hochenergie-Physik. Ein Sieben-Tesla-Magnet wurde kürzlich fertiggestellt. Weitere entstehen für amerikanische Kernfusion-Anlagen, den geplanten »Super-Beschleuniger-Ring« bei Chicago sowie für das staatliche »Livermore Laboratorium«. Angaben über das Supraleitungsgeschäft werden nicht gemacht, die Umsätze aber auf knapp achthundert Millionen Dollar geschätzt.

General Electric Company, PLC., London (Großbritannien)
Der britische Konzern ist erst kürzlich in die Supraleitung eingestiegen. Die Interessen liegen in der Industrialisierung von SQUIDs zusammen mit »Oxford Instruments« und in der Fertigung von supraleitenden Bändern. GE hat ein eigenes Supraleitungs-Projekt eingerichtet und will fast zweihunderttausend Dollar aus Eigenmitteln investieren, während die britische Regierung rund vierhunderttausend Dollar bereitstellt.

Hitachi Ltd., Tokyo (Japan)
Beteiligte sich seit 1977 am Bau supraleitender Großmagnete für internationale Kernfusions-Experimente in Oak Ridge, lieferte einen acht Tesla leistenden Magneten aus Niob-Titanlegierungen für den amerikanischen Tokamak-Versuch. Betreibt seit einigen Jahren auch Forschungsarbeiten mit Josephson-Übergängen für verschiedene elektronische Anwendungen einschließlich supraleitender Computer-Komponenten. Hitachi hat aus $Niob_3$-Zinnlegierungen supraleitende Kabel bis zu 18,1 Tesla bauen können.

Intermagnetics General Corporation, Guilderland/New York (USA)
Die Firma leitet sich von den Supraleitungs-Aktivitäten der amerikanischen General Electric Company Anfang

der siebziger Jahre ab. In erster Linie Produzent supraleitender Drähte und Kabel, die von anderen Unternehmen zum Bau von Hochleistungsmagneten benutzt werden. Mit der französischen »Alsthom« besteht ein Kooperationsabkommen zum Bau von Magneten für Kernspin-Tomografen. Entwickelt Komponenten für magnetische Erz- und Mineraltrennanlagen.

Mitsubishi Electric Corporation, Tokyo (Japan)
Der Konzern gilt als japanischer Pionier der Supraleitung seit Ende der fünfziger Jahre. Heute schon vertriebene Kleinmagnete aus Yttrium-Barium-Kupferoxid weisen eine Sprungtemperatur von fünfundneunzig Kelvin und einen kritischen Strom von fast hundertundzwanzig Ampère pro Quadratzentimeter auf.

NEC Corporation, Tokyo (Japan)
NEC ist ein Neuling auf dem Bereich der Supraleitung, verfügt aber schon heute über das Fertigungswissen spezieller, sogenannter Cache-Speicher für Computeranwendungen und Kühlung mit flüssigem Stickstoff.

Nippon Steel Corporation, Tokyo (Japan)
Kooperiert mit der amerikanischen »Energy Conversion Devices«, ist aber neu im Bereich der »neuen« Supraleiter. Seine Metalloxide aus Yttrium-Barium-Kupferoxiden leisten eine Sprungtemperatur von 92 Kelvin und ertragen kritische Ströme bis zu 700 Ampère pro Quadratzentimeter. Außerdem wurde ein nichtmagnetischer Stahl erfunden, der ebenfalls zum Bau supraleitender Magnete verwendet werden könnte.

Nippon Kokan K. K., Tokyo (Japan)
Ist ebenfalls erst seit kurzer Zeit an supraleitenden Werkstoffen, besonders aber an ihrer Verarbeitungstechnik interessiert. Sie hat ein Niederdruck-Verfahren entwikkelt, mit dem sehr dünne Schichten von rund hundert

Mikrometer Dicke auf verschiedenen Unterlagen aufgebracht werden können.

Oxford Instruments, PLC, Oxford (Großbritannien)
Beschäftigt sich seit 1965 mit dem Einsatz der Supraleitung in der Meßtechnik. Gilt als Pionier der medizinischen Kernspin-Tomografie und für die Entwicklung von SQUID-Meßanlagen. Oxford produziert außerdem auch supraleitende Drähte und Kabel aus Nioblegierungen. Im Finanzjahr 1987 wurden hundertundsechzig Millionen Dollar umgesetzt. Das Unternehmen entwickelt mit finanzieller Hilfe von IBM eine Anlage für hochauflösende Röntgenstrahl-Lithografie-Geräte.

Siemens AG, München (Bundesrepublik Deutschland)
Ist seit Anfang der sechziger Jahre in der Supraleitungs-Forschung aktiv. Die hundertprozentige Tochtergesellschaft *Vacuumschmelze GmbH* Hanau ist einer der Weltmarktführer in supraleitenden Drähten und Kabeln sowie speziellen Magnetkonstruktionen. Die Siemens AG lieferte im Weltgeschäft etwa ein Drittel aller eintausendfünfhundert installierten medizinischen Kernspin-Tomografen. Das Unternehmen hat mit der Kraftwerks-Union AG nach einer Umorganisation jetzt auch starke Interessen in der Energietechnik bei supraleitenden Stromgeneratoren, Großmotoren und Schaltgeräten. Daneben wird die Entwicklung für SQUIDs und elektronische, supraleitende Bauelemente forciert.

Sumitomo Electric Industries, Ltd., Tokyo (Japan)
Mit fast eintausend Grundlagen-Patenten führt die Gesellschaft derzeit im Technologie-Wettlauf um die neuen Supraleiter. Sie ist seit 1962 im Supraleitungsmarkt tätig und hat supraleitende Schiffsantriebe mit Leistungen von rund 15 000 kW gebaut, die gegenwärtig erprobt werden. Sie sollen auch in naher Zukunft in neuen japanischen Unterseebooten eingebaut werden.

Die Forschungsanstrengungen gehen in Richtung Kabel und elektronische Bauelemente. Zusammen mit der »Sumitomo Heavy Industries« ist ein neuartiges Elektronensynchrotron im Aufbau, das schon 1989 in Betrieb gehen soll. Der Konzern setzte 1986 rund acht Milliarden Dollar um.

Supercon, Inc., Shrewsbury/Massachusetts (USA)
Vertreibt schon seit 1971 supraleitende Drähte und Kabel und gilt als das erste nordamerikanische Unternehmen in diesem Produktbereich. Zulieferer für den »supraleitenden Super Beschleuniger-Ring« mit Kabeln aus $Niob_3$-Zinnlegierungen. Die jährlichen Umsätze liegen bei knapp vier Millionen Dollar.

Teledyne Inc., Albany/Oregon (USA)
Kommt von der Rohstoffseite her und hat schon 1970 ein Verfahren patentieren lassen können, mit dem sich nur wenige Mikrometer dünne Fasern für supraleitende Drähte und Kabel aus Niob-Zirkon und Niob-Zinnlegierungen großtechnisch herstellen lassen. Teledyne arbeitet eng mit den großen staatlichen Forschungslaboratorien zusammen, die supraleitende Magnete für ihre Hochenergieanlagen benötigen: Argonne, Brookhaven, Berkeley und Lawrence Livermore.

Toshiba Corporation, Kawasaki (Japan)
Toshiba betreibt schon seit 1960 Supraleitungs-Forschung. Sie liefert Magnetsysteme für Kernspin-Tomografen, die Hochenergie-Physik, Kernfusion und magnetische Verkehrssysteme. Die Firma hat allein für die neuen Supraleiter achtzig Patentansprüche geltend gemacht.

Westinghouse Electric Corporation, Pittsburgh/Pennsylvania
Ist in der Energietechnik schon seit 1960 an wichtigen Arbeiten mit supraleitenden Drähten und Kabeln enga-

giert. Entwickelte schon 1973 Niob-Germanium-Legierungen mit Sprungtemperaturen von mehr als dreiundzwanzig Kelvin. Erprobte im gleichen Jahr den ersten supraleitenden Stromgenerator und baute probeweise einen ersten supraleitenden Stromspeicherring. Westinghouse ist am amerikanischen Kernfusion-Reaktor-Programm beteiligt. Betreibt außerdem derzeit die einzige Versuchsanlage der westlichen Industrieländer mit magneto-hydrodynamischen Stromgeneratoren hoher Leistung. Außerdem laufen Entwicklungsarbeiten im Auftrag der amerikanischen Regierung zur Herstellung extrem dünnschichtiger Josephson-Übergänge für elektronische Anwendungen. Der Konzern setzte 1986 mehr als zehn Milliarden Dollar um. Der Anteil supraleitender Verkaufsprodukte wird nicht genannt.

Diese Übersicht kann selbstverständlich nicht vollständig sein. Sie gibt aber einen guten Überblick, was sich international in der Entwicklung der »alten« wie der »neuen« Supraleiter tut.

Es fällt recht schwer abzuschätzen, wie diejenigen Unternehmen operieren, die erst Ende der siebziger oder Anfang der achtziger Jahre in die Supraleitungs-Entwicklung eingestiegen sind. Noch schwerer fällt die Einschätzung der Firmenneugründungen von 1987.

Hinter diesen Unternehmen, die häufig als Venture-Kapitalfirmen gegründet wurden, stehen finanzkräftige Spekulanten. Sie wollen nicht öffentlich auftreten und wählen den Umweg über potente Finanzierungsgesellschaften.

9.
Die Physik der Supraleitung

Zahlreiche Physiker stehen den neuen Supraleitern aus Metalloxiden, den perowskit-ähnlichen Kristallen, noch recht unsicher gegenüber. Müller und Bednorz weisen auf die Supraleitungstheorie von Bardeen, Cooper und Schrieffer hin. Sie halten aber auch besondere Elektron-Phonon-Wechselwirkungen für das supraleitende Verhalten ihrer Zürich-Oxide möglicherweise für ausschlaggebend. Mit dieser Wechselwirkung ist gemeint, daß Elektronen in einem Kristallgitter ein ganz spezielles Verhalten zeigen. Das führt schließlich zur Bildung von Elektronenpaaren. Sie werden in der Supraleitungs-Theorie als »Cooper-Paare« bezeichnet. Müller und Bednorz haben die neuen Supraleiter zwar entdeckt, aber sie wissen noch nicht so recht, *warum* und *wie* das wirklich funktioniert.

So geht es auch Professor Hermann Rietschel vom Kernforschungszentrum in Karlsruhe: »Wir wissen nicht, was sich da tatsächlich abspielt.« Mit theoretischen Denkmodellen allein ist es nicht getan.

Um die neuartigen Supraleiter in großem Umfang produzieren zu können, müssen die grundlegenden Kenntnisse dazu von Physikern, Chemikern und Werkstofftechnikern mathematisch-rechnerisch faßbar gemacht werden, müssen zuverlässige Meßtechniken ausgearbeitet werden. Nur mit festliegenden Maßstäben können dann gleichmäßige Qualitäten hergestellt, überwacht und möglicherweise auch verbessert werden.

Die Supraleitung als physikalisches Phänomen wurde in Europa von dem holländischen Wissenschaftler Heike Kamerlingh Onnes (1853–1926) entdeckt, der 1913 dafür den Nobelpreis für Physik erhielt. Zahlreiche europäische Forscher haben wesentliche Erkenntnisse »dazugeliefert«. Das bezieht sich beispielsweise auf die Quantenphysik und -mechanik, beides Theorien, die seit den zwanziger Jahren der Supraleitung und ihrem Verständnis entscheidende Impulse gegeben haben.

Um die Supraleitung auf einen einfachen Nenner zu bringen: Es handelt sich um ein Phänomen, das offensichtlich nur auftritt, wenn *bestimmte kristalline Strukturen mit den Trägern des elektrischen Stroms, mit Elektronenpaaren, in ganz bestimmte Wechselwirkungen treten.* Über Art, Form und Reaktionsweise der Wechselwirkungen existieren zahlreiche Theorien.

Eine Voraussetzung zur Nutzung der Supraleitung ist die *Beherrschung der Umgebungstemperaturen.* Man muß sich vor Augen führen, daß eine Reihe von intermetallischen supraleitenden Materialien, spezielle Metallegierungen zum Beispiel, um zehn bis zwanzig Kelvin supraleitend gemacht werden können.

Die neuen Supraleiter vollführen das gleiche Wunder aber schon bei fünffach höheren Temperaturen, um hundert und mehr Kelvin.

Das ist ein ganz erheblicher *Temperatursprung.* Nach den als gültig angesehenen physikalischen Theorien eigentlich eine »Unmöglichkeit«. Erstaunen und Begeisterung über diesen Durchbruch haben sich nach den Entdeckungen von Müller und Bednorz deutlich gezeigt. Der Nobelpreis für Physik 1987 ist ein deutliches Zeichen für die Einmaligkeit ihrer Entdekkung.

Sie belegt zudem, daß wir in der Physik auch mit anderen »Wundern« zu rechnen haben. Müller ging bei allen seinen Überlegungen davon aus, daß die Beweglichkeit der Elektronen als Trägern des elektrischen Stroms von mehr als einem Parameter abhängt. Er fand den Beweis seiner Überlegungen in der Wechselwirkung der Elektronen untereinander. Bislang hielten Wissenschaftler die Dichte der Elektronen in einem Trägermaterial für entscheidend. Die BCS-Theorie hat das ebenso zu beweisen gesucht wie andere theoretische Überlegungen.

Wie zum Beispiel die Thermodynamik, die sich mit der Berechnung der Bewegung von Teilchen in Abhängigkeit von Materialien und Temperatur befaßt. Mit dieser Theorie war es schon in den dreißiger Jahren möglich, auch die Grenzen der Supraleitung mathematisch zu fassen. Die neuen Supraleiter entsprechen diesen Gesetzmäßigkeiten aber nicht mehr ganz. Das ist eine der Ungereimtheiten, über die sich Physiker heute nun die Köpfe zerbrechen müssen.

Bei der Supraleitung spielen Kräfte eine Rolle, die wir uns normalerweise nicht vorstellen und mit unseren Alltagserfahrungen überhaupt nich wahrnehmen können. Reaktionen von Elektronen in einem Kristallgitter (Metall oder Keramik) entziehen sich unseren direkten Beobachtungsmöglichkeiten. Daß sie tatsächlich aber ablaufen, konnte inzwischen nachgewiesen werden.

Da sind zum einem die sogenannten »Cooper-Paare«, Paare von Elektronen, die nur unter ganz bestimmten Temperaturbedingungen auftreten. Sie sind eine sehr gute Erklärung dafür, daß plötzlich große elektrische Ströme ohne jeden inneren Widerstand fließen. Hinzu kommt, daß diese supraleitenden Ströme längst nicht durch das ganze Material metallischer Legierungen hindurchgehen, sondern daß sich dieser Vorgang nur in einer hauchdünnen Oberflächenschicht abspielt.

Diese »Oberflächen-Leitung« wurde sehr intensiv untersucht. Sie läßt sich sogar mit einem besonderen Abbildungsverfahren darstellen und liefert damit einen augenfälligen Beweis, den man sich vorher kaum vorzustellen wagte. Danach bilden sich in einem supraleitenden Material aus Metallegierungen regelrechte »supraleitende Schläuche«, in denen Elektronen supraleitend sind (s. Abb. 2).

Nach dem Entdecker dieser Strukturen nennen Physiker diese Reaktionsform »Shubnikov-Phase«. Sie besagt, daß bei Supraleitern der »zweiten Art« Magnetfelder in die Oberflächenschichten »eindringen« und auf festgelegten Bahnen Elektronen widerstandslos dahinfliegen lassen.

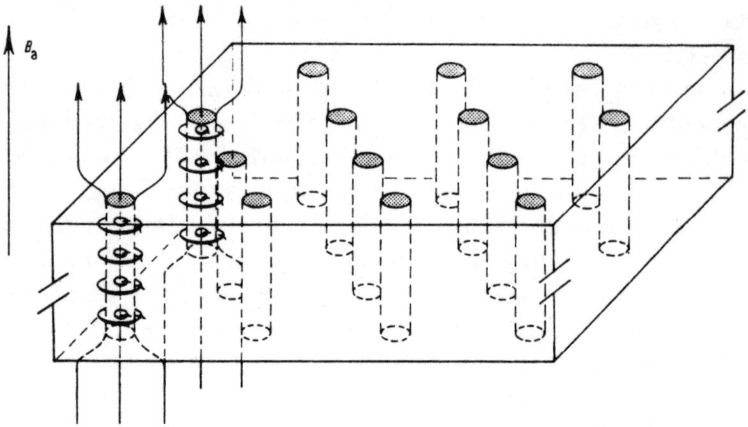

Abb. 2: Schematische Darstellung der Shubnikov-Phase. Magnetfeld und Supraströme sind nur für zwei Flußschläuche gezeichnet (Quelle: W. Buckel, Supraleitung, 3. Auflage, Physik Verlag, Weinheim 1984)

Struktur-Analysen zeigen auf, daß supraleitende Legierungen der »alten« Supraleiter ganz bestimmte Bereiche aufweisen, in denen die Supraleitung abläuft. Allerdings liegen diese Bereiche nicht fest, sondern »wandern« hin und her, je nach der Stärke des anliegenden Magnetfeldes. Das hat dazu geführt, daß nach Möglichkeiten gesucht wurde, diese magnetischen »Schläuche« im supraleitenden Material zu fixieren.

Das ist schließlich geglückt! Die heutigen »alten« metallischen supraleitenden Nioblegierungen sind so konzipiert und realisiert worden. Dazu wurden bestimmte, ausgewählte »Fremdatome« benutzt, die man den intermetallischen Legierungen beigibt. Diese sind in der Lage, die »magnetischen Schläuche« regelrecht festzuhalten und in den oberflächlichen Schichten zu binden. Für die Techniker war das materialtechnisch ein großer Durchbruch, um die recht launischen supraleitenden Schichten zu beherrschen.

Ein Trick, der ja ebenfalls bei vielen anderen modernen Werkstoffen funktioniert. Man denke beispielsweise an die

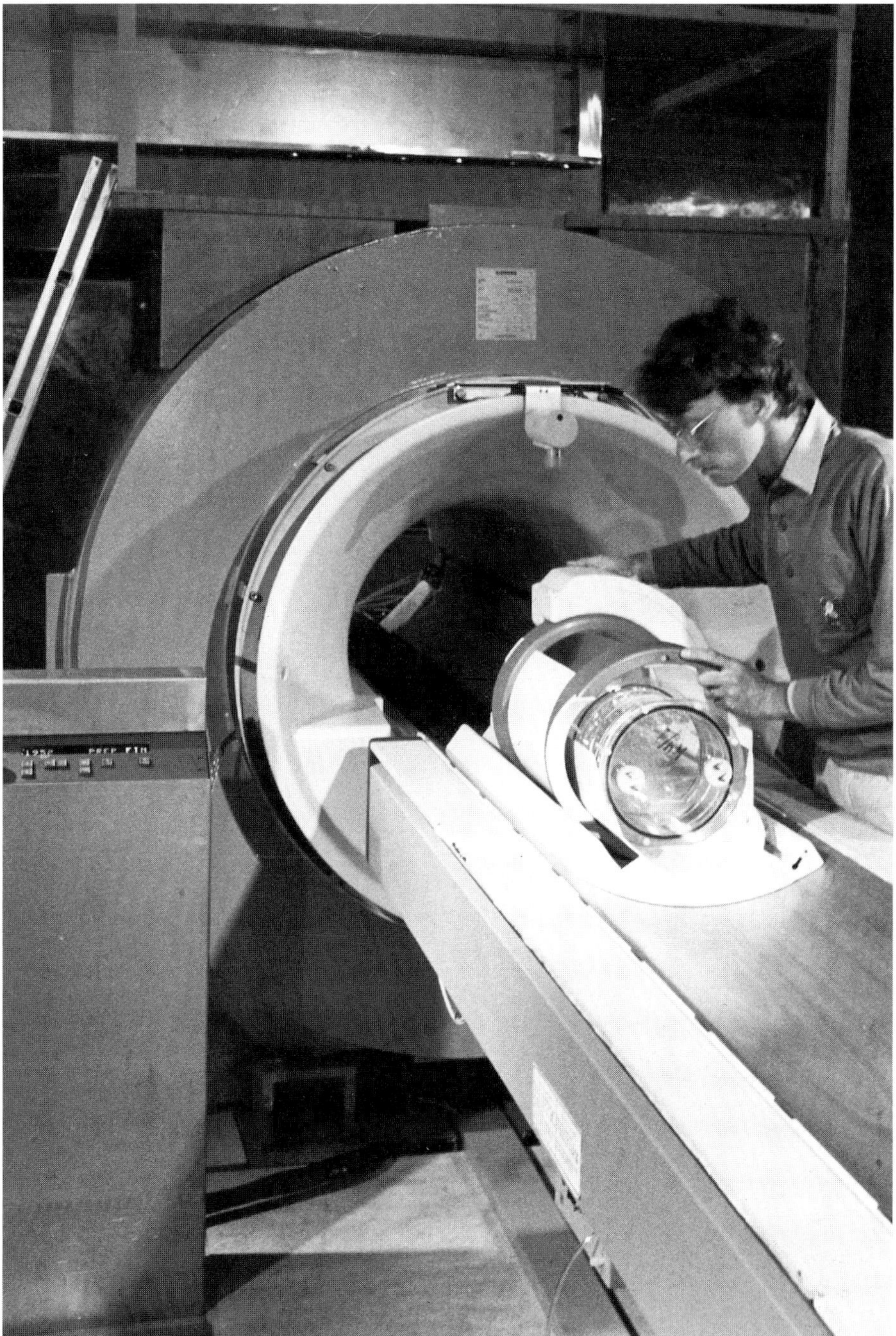

Der neue, von Siemens entwickelte 2-Tesla-Magnet für die Kernspintomographie: Testbetrieb mit einem Wasserphantom *(Siemens)*

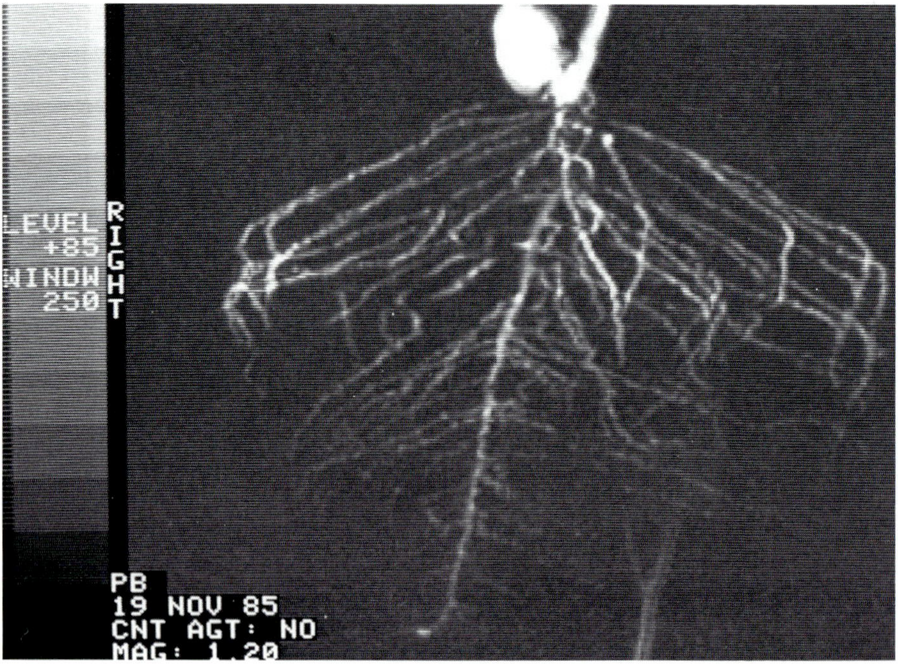

oben: Kernspintomograph bei Versuchen zum Wasserhaushalt lebender Pflanzen
(General Electric)
unten: Meßbild. Wasserführende Wurzeln und Gefäße in der NMR-Technik dargestellt
(General Electric)

oben: Mikroaufnahmen eines »flächigen SQUID« *(IBM)*
unten: Raster-Elektronen-Aufnahme der Struktur von Y – Ba – CuO_x *(IBM)*

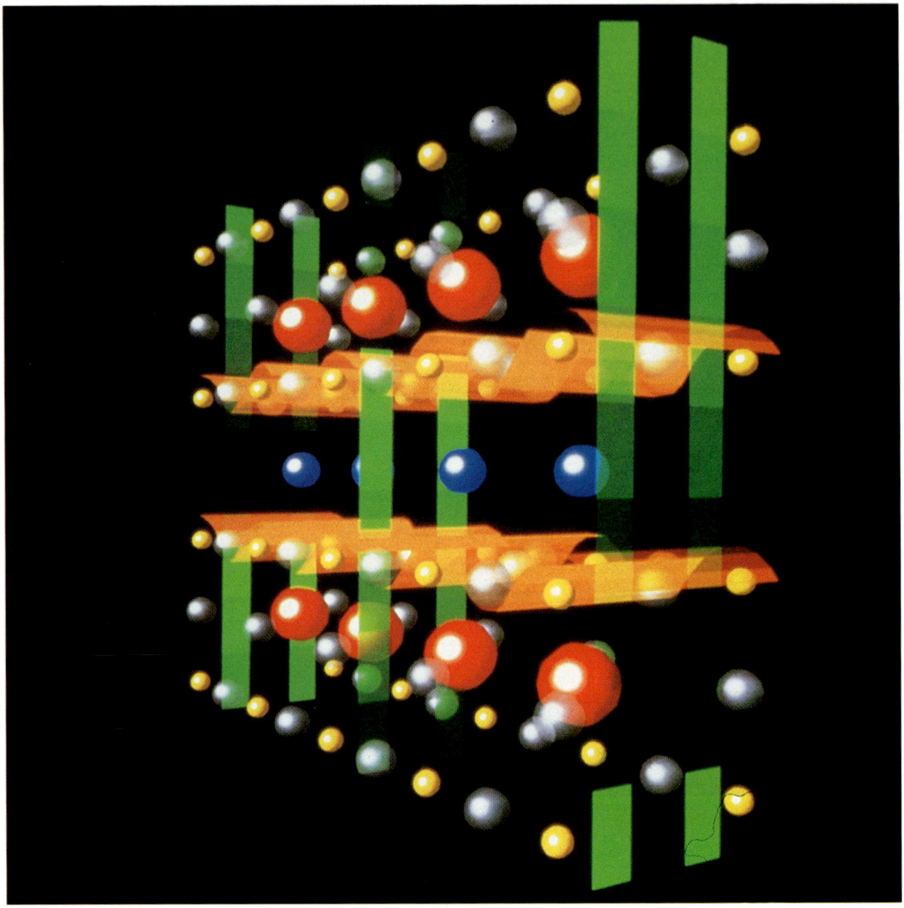

Modell der Kristallstruktur der neuen Supraleiter *(IBM)*

Vielzahl der Halbleiter-Materialien, die nur dann ihre Aufgaben wirklich erfüllen, wenn sie »dotiert« wurden. Der Effekt ist ähnlich: Die eingestreuten Fremdatome lenken die Elektronen auf bestimmte Bahnen. Das Wechselspiel der sich offensichtlich wie Chamäleons verhaltenden Elektronen wird auf diese Weise genau beherrschbar gemacht.

Mit den »neuen« keramischen Supraleitern zeichnen sich ähnliche Schwierigkeiten ab. Hier zeigte sich zum Beispiel, daß die supraleitenden Keramiken je nach der Richtung, in der Strom die Materialproben durchfließt, unterschiedliche Widerstandswerte aufweisen. Das heißt, daß der Supraleitungsstrom möglicherweise polabhängig ist.

Ähnliche Erscheinungen sind bislang nur an speziellen Halbleiterbauelementen zu beobachten gewesen. Sie finden in der Elektronik vielfältige Anwendungen, wenn es darum geht, einem Strom den »richtigen« Weg in einer Schaltung zu weisen. Bei Bauelementen, die mit geringen Strömen arbeiten, sind die theoretischen Grundlagen recht gut erforscht. Sie besagen, daß sich an den Grenzflächen verschiedener Werkstoffe in bestimmten Stromrichtungen entweder sehr hohe oder so gut wie gar keine Widerstände aufbauen. Physiker sprechen von sogenannten »Interface-Reaktionen«, die sich nur an ganz dünnen, wenige Atomlagen dicken Schichten abspielen.

Wenn man sich die Struktur der neuen Supraleiter ansieht, könnte hier ein Schlüssel liegen, mit dem das supraleitende Verhalten in der Wechselwirkung mit der kristallinen oder amorphen Struktur der Werkstoffe zu erklären sein könnte. Schlüssige Beweise und Experimente gibt es noch nicht, geschweige denn mathematische Berechnungsmodelle.

Nach der BCS-Theorie sind solche richtungsabhängigen Reaktionen nicht zu erklären. Am ehesten hilft noch die Quantenmechanik weiter: Sie besagt, daß Energiequanten – und das sind hier Elektronen – nur in bestimmten »Sprüngen« operieren können. Normalerweise bemerken wir diese Sprünge nicht.

Seit den Forschungsarbeiten des amerikanischen Physikers Josephson sind recht eigenartig anmutende Verhaltensweisen der Elektronen ans Tageslicht gekommen. Es handelt sich um die »Tunnel-Elektronen«. Sie »tunneln« sich durch bestimmte, wenige Nanometer dünne Schichten hindurch. Dieses Phänomen tritt in isolierenden Schichten auf, die man zwischen metallische Leiter einschiebt.

Nach allen bisher für gültig gehaltenen Theorien der Elektronenreaktionen ist dies ein völlig unverständliches Verhalten.

Dennoch sind Tunnel-Elektronen inzwischen mit den verschiedensten Meßverfahren nachgewiesen worden. Die ebenfalls in Rüschlikon arbeitenden Nobelpreisträger für Physik des Jahres 1986, Gerd Binnig und Heinrich Rohrer, haben nur unter Nutzung der Tunnel-Elektronen ihr Spezialmikroskop realisieren können. Es ist das bislang einzige Mikroskop, das fähig ist, die wolkenartigen Strukturen oder Bahnen von Elektronen an Materialoberflächen optisch sichtbar zu machen. Sie können mit diesem Instrument keine Atome abbilden. Aber sie können zeigen, daß die Elektronenhüllen, die um jeden Atomkern herum vorhanden sein sollen, *wirklich* existieren. Sie stellen quasi die »Abdrücke« von Atomen dar.

10.
Die Supraleitung ist ein quantenphysikalischer Effekt

Seit der Entdeckung der Supraleitung durch den holländischen Physiker Kamerlingh Onnes suchen ganze Physikergenerationen, dieses physikalische Phänomen theoretisch aufzuklären. Das geschieht zum einen natürlich aus wissenschaftlicher Neugier. Zum andern aber eröffnet eine funktionierende Theorie den Weg zur Berechnung der Phänomene. Für die Nutzung physikalischer Effekte ist gerade die Berechenbarkeit ein entscheidender Schritt: Damit können relative Maßstäbe erstellt werden, die den Vergleich der Eigenschaften möglich machen. Das wäre dann der direkte Weg zur Herstellung von Produkten, die solche Effekte für den industriellen Einsatz nutzen.

Im Fall der Supraleitung ist das besonders schwierig, weil es sich um *elektrisch-magnetische Vorgänge handelt, die zudem noch von der Temperatur abhängen,* in der man sie einsetzt. Damit nicht genug: Neben diesen drei Parametern gehen in derartige Rechnungen strukturelle Fragen mit ein, die physikalisch-mathematisch noch schwerer zu fassen sind.

Ohne das *Prinzip der Quantenphysik* hätten es Physiker überhaupt nicht geschafft, die Supraleitung theoretisch und mathematisch faßbar zu machen.

Die Supraleitung hängt mit den Trägern der Elektrizität, den Elektronen, zusammen. Der pauschale Begriff »Elektron« täuscht darüber hinweg, daß es *verschiedene* Elektronen gibt. Bislang sind zwei Haupteigenschaften besonders wichtig geworden:

● Elektronen besitzen unterschiedlich große Energieniveaus, nicht immer und nicht zu jeder Zeit, aber unter ganz bestimmten Umständen. Eine einfache, umfassende Erklärung dafür gibt es nicht. Die Quantenphysik ist aber in der Lage, diese wichtigen Bedingungen zu definieren und berechenbar zu machen.

● Elektronen sind nicht einfach geladene Teilchen, die nur zusammen mit Atomkernen unsere Materie bilden, ob als Gas, Flüssigkeit oder Festkörper, sondern sie haben auch eine Eigenbewegung. Diese wird *»Elektronen-Spin«* genannt. Der Vergleich mit Planeten, die um ein Muttergestirn kreisen und sich dabei aus Stabilitätsgründen noch um ihre eigenen Achse drehen, ist zutreffend. Einen Beweis des Elektronen-Spins finden wir in den magnetischen Erscheinungen und Eigenschaften der Materie, denn der Magnetismus hängt direkt vom Spin der Elektronen ab.

Daß es sich dabei um riesige Kräfte handelt, zeigen die Elektromagneten. Sie können tonnenschwere Lasten aus Eisen oder anderen magnetischen Metallen mühelos heben. Diese großen Magnetkräfte sind berechenbar, weil sie Summenreaktionen von ausgerichteten Elektronen darstellen. Diese Ausrichtung ist nur zu erreichen, wenn sehr starke elektrische Ströme eingesetzt werden, also »große Elektronen-Spins« existieren.

Elektromotore kommen nur ins Laufen, wenn Strom und magnetische Kräfte *zusammen* vorhanden sind. Und Strom ist nur zu gewinnen, wenn mechanische Kräfte *zusammen* mit Magnetkräften die Elektronen »in Bewegung« setzen.

Und schließlich kommt als wichtiges Kriterium hinzu, daß man zur Beherrschung dieser ›Elektronen-Reaktionen‹ das *richtige* Material braucht.

Die jetzt von Müller und Bednorz entdeckten Zürich-Oxide – andere Wissenschaftler nennen sie einfacher *»1-2-3-Keramiken«,* weil sie aus einem Atom Seltenerdmetall, zwei Atomen Barium und drei Atomen Kupfer bestehen – wurden als nichtmetallische Keramiken für die Supraleitung überhaupt nicht in Betracht gezogen. Bednorz dazu: »Man hat uns nicht direkt den Finger an der Stirn gezeigt. Aber diese Gedanken waren in manchen Gesichtern unschwer abzulesen.«

Und so sicher war sich auch Müller Anfang der achtziger Jahre noch nicht. Er spielte durchaus nach seinen eigenen Worten mit dem Gedanken, »wenn es nicht klappt, gibt es eben ein stilles Begräbnis (der supraleitenden Keramiken).«

Auf der anderen Seite hat Müller auch gesagt, daß er nahezu sein ganzes Leben als Wissenschaftler daran geglaubt habe, daß die wichtige Meßmarke für die Supraleitung, die Sprungtemperatur nämlich, nur mit einer neuartigen Werkstoffmischung zu überspringen sein müsse.

Aber Glauben allein reicht in der Physik wie in der Wissenschaft nicht aus. Seine Überzeugung hat Müller die Kraft gegeben, nach denjenigen Materialkombinationen Ausschau zu halten, die dann als Zürich-Oxide Weltruhm gewonnen haben.

Kühle Überlegung in Verbindung mit einer großen Portion Glück ließen ihn gerade in Keramiken, in isolierenden Werkstoffen also, nach dem Schlüssel zu neuen Supraleitern fahnden. Die exotisch anmutende Elektronenreaktion, die Supraleitung eben, funktioniert nicht in hochreinen oder sogenannten »idealen« Werkstoffmischungen. Erst das richtige »Mix«, erst eine besondere kristalline Struktur hat die neuen Supraleiter möglich gemacht.

Oder noch simpler: Alle unsere erlernten Informationen über die Zusammensetzung einer idealen Materie sind unzulänglich. Erst ganz spezifische Mischungen von Molekülen oder – wie hier – von Metalloxiden erbringen praktisch nutzbare neue Werkstoffe. Und – das gehört genauso dazu – nur dann, wenn auch ein besonderer »kristalliner« Zustand erreicht werden kann.

Stahl etwa ist kein reines Eisen. Trotzdem wird oft die Behauptung aufrechterhalten, es handele sich um solches. Hochwertige Stähle können von den Stahlkochern nur produziert werden, wenn sie ganz verschiedene Beischläge gezielt und vorausberechnet und – dazu noch – bei ganz bestimmten Temperaturen dem reinen Eisen zusetzen.

Eine vergleichbare Simplifizierung hat sich für sehr viele Vorgänge in der Nutzung des elektrischen Stroms und noch mehr in der gesamten Elektronik breitgemacht. Zwar wird mit der Wortbezeichnung »Elektronik« angezeigt, daß es sich um Reaktionen von Elektronen handelt, aber es halten sich hartnäckig Vorstellungsbilder, die von der Wirklichkeit meilenweit entfernt sind.

Alles Halbleitermaterial, das in Computern und elektronischen Schaltungen zum Einsatz kommt, ist exakt auf den jeweiligen Anwendungsbereich zugeschneidert. Erst die »Fehlstellen« in den Silizium-Schichten und aufgedampften Schichten aus Arsenverbindungen machen eine gezielte Lenkung der Elektronen möglich. Die Begriffe »Fehlstellen« oder »Dotierung«, die häufig erwähnt werden, lassen den Eindruck entstehen, daß es sich um ein »unsauberes« Material handelt. Dabei ist gerade der Grad der »Verschmutzung« entscheidend, wie die Reaktionen von Elektronen in beabsichtigte Bahnen und Verhaltensweisen geleitet werden.

Ein weiteres Beispiel: Reines Eisen und reines Kupfer sind für die meisten Einsatzgebiete einfach zu weich, zu geschmeidig und zudem produktionstechnisch recht teuer. Erst Zugaben einiger weniger chemischer Elemente oder Verbindungen – atomare Spuren – lassen aus beiden Metallen hochwertige, temperaturfeste oder mechanisch besonders harte Werkstoffe werden.

Gerade die Supraleiter – neue wie alte – zeigen uns in ganz offensichtlicher Art und Weise: Nur ganz speziell ausgetüftelte Legierungen sind supraleitend.

Mit dem Verständnis der Supraleitung haben Physiker sich über fünfzig Jahre hinweg schwergetan, bis in den sechziger Jahren von Josephson und der Dreiergruppe Bardeen, Cooper und Schrieffer praktikable theoretisch-wissenschaftliche Grundlagen entwickelt wurden.

Die Amerikaner John Bardeen, Leon N. Cooper sowie Robert J. Schrieffer erhielten 1972 den Physik-Nobelpreis für ihre »quantenmechanische Deutung der Supraleitung«.

Nur ein Jahr später folgte der englische Physiker Brian David Josephson, der 1962, als Zweiundzwanzigjähriger, physikalisch-mathematische Denkmodelle für das Verhalten von Tunnel-Elektronen aufgestellt hatte. Er erhielt den Nobelpreis zusammen mit dem Japaner Leo Esaki und dem Norweger Ivar Giaever für, wie es in der damaligen Laudatio hieß, »ihre Entdeckungen bezüglich der Tunneleffekte in Halbleitern und Supraleitern«.

Die Theorie der Supraleitung wird nach ihren Entdeckern heute als BCS-Theorie bezeichnet, auf Josephson gehen die »Josephson-Übergänge« zurück.

Mit der BCS-Theorie kann korrekt errechnet werden, wo die sogenannte kritische Temperatur, die Sprungtemperatur, bei einem Supraleiter liegt. In vereinfachter Form lautet diese Rechenformel:

$$T_c = 1{,}13 \text{ x } a/b^{(-1/N(E_F) \text{ x } V^*)}$$

Die Sprungtemperatur hängt von einer Gruppe von konstanten Werten, als »a« und »b« bezeichnet, ab. Außerdem stehen im Exponenten dieser mathematischen Formel die Werte »$N(E_F)$« und »V^*«.

Sie bedeuten für »$N(E_F)$« die Elektronendichte in einem ganz bestimmten »Fermi-Energieniveau«. »V^*« wird als eine Konstante definiert, die der sogenannten Phonon-Elektron-Wechselwirkung entspricht.

Mathematisch entspricht das der Sprungtemperatur-Kurve. Wie wir inzwischen wissen, erkannte Müller, daß sich die Elektronendichte von metallischen Verbindungen und von keramischen Metalloxiden nur in einer Zehnerpotenz unterscheidet. Um höhere Sprungtemperaturen möglich werden zu lassen, suchten er und Bednorz nach Verbindungen, die deutlich höhere Phonon-Elektron-Wechselwirkungen aufweisen. Damit schiebt sich der Wert für die Sprungtemperatur auch in einer bildlichen Darstellung der mathematischen Funktionen nach »oben«.

Die BCS-Formel ist hier vereinfacht mit den allgemeinen Werten »a« und »b« dargestellt. In der Orginalformel wird dafür ein Bruch angegeben, der aus quantenphysikalischen Konstanten besteht:

»a« ist das Produkt aus Planckscher Konstante mal der sogenannten Debye-Frequenz. Und »b« bedeutet die sogenannte Boltzmann-Konstante, ein Umrechnungswert, der Temperaturmessungen in Grad mit den energetischen Zuständen der Thermodynamik in Einklang bringt.

Das sind zwei Konstanten und ein variabler Wert, der vom verwendeten Material, nämlich der Debye-Frequenz abhängig ist.

Als »Plancksche Konstante« gilt ein genau bestimmter Zahlenwert von $1{,}0545887 \pm 0{,}0000057 \times 10^{-34}$ Joulesekunden. Diese energetische Konstante wird von Physikern auch als »h quer« bezeichnet und so geschrieben. Es handelt sich um eine Naturkonstante, die in der Quantenphysik benutzt wird.

Als »Debye-Frequenz« gilt ein variabler Wert, der von der Schwingung der Atome herrührt und von ihrer Masse bestimmt ist. Leichte Atome schwingen anders als schwerere. Daß das auch für die Supraleitung von ganz erheblicher Bedeutung ist, konnte experimentell nachgewiesen werden. Die Supraleitungs-Wissenschaftler sprechen vom sogenannten »Isotopen-Effekt«. Er besagt, daß supraleitende Verbindungen, in die man »schwerere Atome« eingebaut hat, einen meßbar niedrigeren Wert für die Sprungtemperatur aufweisen. Zahlreiche Berechnungen und Experimente bestätigen das.

Diese Forschungen zeigen zweierlei:

- Supraleitung hängt ganz eng mit dem Aufbau der Materie und den Reaktionen der als Elektronen bezeichneten »Ladungsträger« zusammen;
- Supraleitungs-Forschung eröffnet daher sowohl der Grundlagen- als auch der Anwendungsforschung der Physik bislang nicht verfügbare Einblicke.

In der BCS-Formel sind Gesetzmäßigkeiten festgelegt, die aus Konstanten und aus variablen Werten bestehen. Wenn rein rechnerisch alles »richtig« eingesetzt wurde, ergibt sich eine zweidimensionale Kurve. Sie sieht wie eine Treppenstufe aus und entspricht darüber hinaus auch einigen typischen

Meßkurven, die den Abfall des inneren elektrischen Widerstands in Relation zur Temperatur aufzeichnen. Bei null Kelvin existiert so gut wie überhaupt kein elektrischer Widerstand. Erst ab der sogenannten »kritischen Temperatur«, der Sprungtemperatur, beginnt der elektrische Widerstand anzusteigen. Dieser Anstieg ist von der Materialzusammensetzung abhängig. Es kommt je nach dem eingesetzten Material zu einem steileren oder zu einem weniger steilen Anstieg des meßbaren inneren Widerstands.

Nahezu alle metallischen »alten« Supraleiter zeigen ausgezeichnet die Übereinstimmung zwischen den Werten, die nach der BCS-Formel errechnet wurden und denjenigen, die sich mit entsprechend empfindlichen Meßinstrumenten registrieren lassen. Mit anderen Worten: Bei metallischen Verbindungen und Legierungen »stimmt« die BCS-Theorie mit der Praxis überein.

Die BCS-Formel ist auf die »kritische« Temperatur ausgerichtet. Sie funktioniert nach allen heutigen Erkenntnissen bis etwa in den Temperaturbereich hinein, der bei vierzig Kelvin liegt. Danach versagt sie, wie eine Reihe von Wissenschaftlern beim Nachrechnen festgestellt hat.

Diese rein rechnerische Tatsache war Müller und Bednorz bekannt. Das mag erklären, warum beide erst dann mit den Ergebnissen ihrer Entdeckung an die Öffentlichkeit gingen, als sie sich sicher waren, daß ihre Zürich-Oxide diesen physikalisch-mathematischen Rahmen überstiegen, daß sie wirklich in wissenschaftliches Neuland vorgestoßen waren. Es erklärt auch, warum beide erst recht spät bereit waren, ihre Meßwerte zu publizieren. Das »stille Begräbnis«, das Müller erwähnte, mußte nicht stattfinden.

Beide Werte, »$N(E_F)$ und V^*«, stehen im Exponenten der mathematischen Formel. Das bedeutet, daß sie einen ganz starken Einfluß auf die Temperaturveränderungen der kritischen Supraleitungs-Temperatur nehmen. Sie regulieren quasi die »Steilheit« der Sprungtemperatur-Kurve.

Und schließlich spielt noch die »Boltzmann-Konstante« mit hinein. Die Boltzmann-Konstante ist keine natürliche Konstante wie das Plancksche Wirkungsquantum, sondern ein wichtiger Umrechungsfaktor.

Unter Nutzung dieses Faktors war beispielsweise Albert Einstein schon in den zwanziger Jahren in der Lage, die bis dahin unverständliche, ungenaue Bewegung von Molekülen berechnen und bestimmen zu können. Einsteins Arbeiten zu den »Brownschen Bewegungen« von Molekülen und kleinsten Teilchen wurden damit belegbar.

Bis zu Müllers und Bednorz' Entdeckungen hielten zahlreiche Wissenschaftler und Physiker es für völlig ausgeschlossen, den Wert »V*« drastisch zu verändern. Werner Buckel setzte in seinem 1983 in dritter Auflage zur Supraleitung erschienenen Buch »V*« als konstanten Wert an. Aus damaliger Sicht war das sicher vertretbar.

Heute sieht es dagegen eher so aus, als ob sich die beeinflußbare Dichte der Elektronen in einem supraleitenden Material kaum über einen bestimmten Wert hinausbringen läßt.

Die Dichte der Elektronen »$N(E_F)$« ist physikalisch auch eine Ausnahmesituation, die viel Raum für weitere, interessante Untersuchungen öffnet. Das wird nicht nur einer »neueren« Supraleitungs-Theorie zugute kommen, sondern ebenso auch der Halbleiterphysik, in der Elektronendichten bei bestimmten Energieniveaus von entscheidender Bedeutung sind.

Man muß aber berücksichtigen, daß die Quantenphysik sowohl für die Elektronen-Reaktionen von halbleitendem als auch von leitendem Material anzuwenden ist und lediglich beschreiben kann, wo sich in atomaren-molekularen Strukturen Elektronen bestimmter Energieinhalte befinden.

Physiker sprechen von Wechselwirkungen der Elektronen in einem kristallinen Gitter mit den dort vorhandenen Schwingungen der Gitter-Atome. Im Sinne der Gleichheit von Schwingungen in ganz bestimmten Frequenzen und Partikeln, »Teilchen« also, die in einer solchen Welle schwingen, werden diese Teilchen von den Wissenschaftlern als »Phononen« oder als »Schall-Quanten« bezeichnet.

Ihre Wechselwirkung in der BCS-Formel besagt nun, daß zwei verschieden schwingende Energieformen sich auch gegenseitig beeinflussen. Überlagern sich in der Akustik zum Beispiel zwei Wellenberge, so addieren sich diese Wellenberge oder substrahieren sich, je nachdem in welcher Phase sie sich befinden. Das bedeutet nichts anderes, als daß sich dabei die Frequenz erhöht oder erniedrigt. Auch der Energieinhalt wird jeweils größer oder kleiner.

Das ist ein simples Beispiel, das deutlich macht, daß derartige Wirkungen sowohl zu Erhöhungen als auch zu Verringerungen der Energien führen. Die Zürich-Oxide basieren auf einer erhöhten Wechselwirkung von Elektronen in diesem Sinne. Bei den physikalisch-mathematischen Festlegungen spielt es prinzipiell keine Rolle, ob diese Teilchen in Wirklichkeit auch vorhanden sind. Sie sind lediglich »Rechenhilfen«, um die komplizierten Wechselwirkungen und Vorgänge berechenbar zu machen.

Die BCS-Theorie erklärt nur recht grob die »aufsummierten« Vorgänge. Sie kann nicht erklären, wie die Reaktionen in einem kompliziert gebauten Kristallgitter tatsächlich ablaufen. Vor der Entdeckung der Zürich-Oxide ist das auch nicht nötig gewesen, denn der Endwert, die Sprungtemperatur, war das, was die Theorie – in Abhängigkeit von bestimmten quantenphysikalischen Grundlagen – zu erklären suchte.

Die Elektron-Phonon-Wechselwirkung ist in recht guter Annäherung bei den sogenannten Tunnel-Elektronen nachgewiesen worden. Im Zusammenhang mit den Elektronenwechselwirkungen und dem erwähnten Isotopen-Effekt schrieb Buckel in seinen Erläuterungen einen sehr interessanten Satz: »Man könnte daran denken, daß bei Substanzen wie Ruthenium, für die keine Änderung von der kritischen Temperatur (T_c) mit der Isotopenmasse beobachtet wird, nicht die Elektron-Phonon-Wechselwirkung für die Supraleitung verantwortlich ist, sondern irgendeine andere Wechselwirkung.« Buckel erwähnte dabei die sogenannte »Bandstruktur« und meinte damit, daß Elektronen abhängig vom Material unterschiedliche Energie-Niveaus einnehmen. Solche Bandstrukturen sind von zahlreichen Halbleiter-Werkstoffen bekannt. Sie sind für das Schaltungsverhalten unserer Elektronik-Bausteine verantwortlich und sind die Grundlagen der heute praktizierten Elektronik.

Buckel bezog sich dabei auf das chemische Element Ruthenium, das zwar supraleitend sein kann, aber dessen Atommasse in keinem Zusammenhang mit der Supraleitung – derzeit – gesehen werden kann. Er nahm deswegen an, daß die Atommasse möglicherweise nicht die wichtige Rolle spielen dürfte, die man ihr bis dato zugeschrieben hatte.

Aus heutiger Sicht, nach Entdeckung der Zürich-Oxide durch Müller und Bednorz, ist dies ein aufsehenerregender Hinweis. Er zeigt wie mit einem ausgestreckten Finger ganz klar auf die Wechselwirkungen von Elektronen in einem Kristallgitter.

Trotz aller physikalisch-theoretischen Überlegungen zu den Elektronen-Wechselwirkungen passen aber leider alle Physiker, wenn man sie fragt: Was sind das denn eigentlich für Wechselwirkungen? Wie kommen sie zustande? Und warum ist das so?

Müller antwortete mir dazu nur: »Wir wissen es nicht und wir können es exakt nicht erklären!«

Das wird sich in den nächsten Jahren sicherlich ändern. Aber niemand kann vorauszusagen, wie lange dieser Denk- und Suchprozeß dauern wird.

Bei der Kompliziertheit, die ein Kristall in seinem strukturellen Aufbau darstellt – ob aus metallischen Atomen oder aus Mischungen mit Sauerstoff wie bei den Perowskiten –, liegt es auf der Hand, daß auch seine Reaktionen mit Elektronen oder mit Phononen schwierig zu erfassen sind. Es reicht bei den bis heute vorliegenden Erkenntnissen nicht mehr aus, Wechselwirkung lediglich als gegenseitige Anziehungs- oder Abstoßungskräfte zu definieren. Gerade die Zürich-Oxide deuten an, daß dort noch irgend etwas anderes abläuft, was derzeit noch nicht so richtig »faßbar« ist.

Dieser Probleme nimmt sich beispielsweise die Physik der sogenannten »*Vielteilchen*«, der »Many-body-problems«, an. Dazu zählen die schwer zu erfassenden und unterschiedlichen

Kräfte, die einzelne Atome in einem Kristallgitter mit- und gegeneinander ausüben.

Aus Sicht der Vielkörper-Teilchen-Reaktionen ist es nicht abwegig, bei der Supraleitung von einem *chaotischen* Zustand zu sprechen. Er wird derzeit von verschiedenen Physikern wissenschaftlich-theoretisch angegangen. Ein Forschungs-Gegenstand, der, um mathematisch in eine Formel gefaßt zu werden, eine große Rechenkapazität von Hochleistungs-Computern erfordert.

Die Reaktionen der Supraleitung, die derzeit noch nicht richtig erklärt werden können, führen möglicherweise zu neuen Erkenntnissen in mindestens zwei wissenschaftlichen Disziplinen:

- Die Kristallografie muß in die Lage versetzt werden, neben den strukturellen – ohnehin schon komplizierten Modellrechnungen – auch die dynamischen Vorgänge beschreiben zu »lernen«,
- die Quantenphysik hat mit den Zürich-Oxiden nun ein Beispiel in Händen, das sie zu – möglicherweise – ganz neuen Horizonten führt.

Das Zusammenwirken – man kann es auch als »Wechselwirkungen« von Bausteinen der Materie definieren – braucht einen »neuen Rahmen«.

Aus heutiger Sicht ist die Dichte der Elektronen »$N(E_F)$« in supraleitenden Zuständen recht gut erforscht und verstanden: Elektronen liegen hauptsächlich als »gepaarte« Elektronen vor. Sie werden nach dem amerikanischen Physiker Leon N. Cooper auch *Cooper-Paare* genannt.

Nur diese Cooper-Paare aus Elektronen erklären gegenwärtig das Phänomen der Supraleitung in ausreichender und verständlicher Form. Als diese »Paarbindung« definiert wurde, gab es unter Physikern große Skepsis. Elektronen, jene negativ geladenen Teilchen, die um einen Atomkern herumfliegen und die sich wegen ihrer Ladung eigentlich abstoßen müßten, konnten sich doch aus allen bis dahin vorliegenden Kenntnissen überhaupt nicht anziehen und Paare bilden.

Diese Ansicht ließ aber außer acht, daß Cooper-Paare bislang nur bei sehr tiefen Temperaturen im supraleitenden Zustand von metallischen Verbindungen auftreten.

Seit den erkenntnistheoretischen Überlegungen von Bardeen, Cooper und Schrieffer haben viele Physiker diese Elektronen-Paarbildung genauer untersucht. Inzwischen existieren unzählige theoretisch-mathematische wie experimentell-praktische Beweise für die Cooper-Paare. Mehr als zwanzig Jahre physikalische Forschung sind für die Beweisführung verwandt worden. Dennoch ist relativ wenig über die Bedingungen bekannt, unter denen sich die Cooper-Paare bilden. Als Gründe für diese unbefriedigende Situation wird eine Vielfalt von Spekulationen, Hypothesen angeboten. Was noch immer fehlt, sind schlüssige Erklärungen.

Eine der Erklärungen ist ein besonderes Zusammenwirken der Gitteratome eines supraleitenden Materials mit den vorhandenen Elektronen. Man stellt sich das so vor, daß unter dem Einfluß der Elektronen das Gitter elastisch verformt wird. In die sich dabei bildenden Kuhlen oder Dellen »fallen« die Elektronen dann leichter paarweise als einzeln hinein.

Wenn das so ist, so die Schlußfolgerung, dann müssen Elektronenpaare einen geringeren Energie-Inhalt besitzen als den, der sich aus der Summe von zwei einzelnen Elektronen ergibt. Das konnte auch nachgewiesen und nachgemessen werden. Physiker bezeichnen diese Energiedifferenz als »Energielücke«. Sie ist sehr klein, entzieht sich aber nicht theoretischen und praktischen »Kontrollen«.

So gelingt es zum Beispiel im Umkehrschluß, die Energie zu bestimmen, die erforderlich ist, um Cooper-Paare aufzubrechen. Sie muß, so folgert man, dann auch der Bindungsenergie der Paare entsprechen.

Zugegeben, ein recht komplizierter Nachweisweg, aber er funktioniert.

Dafür können elektromagnetische Wellen eingesetzt werden, die im Augenblick des Aufbrechens der Cooper-Paare eine hohe Absorption zeigen. Das heißt, daß eine Relation meßbar wird, die die Energielücke bei einer bestimmten Wellenlänge deutlich anzeigt.

Wie die Berechnungen nach der BCS-Formel ergeben, liegt die Energielücke bei wenigen tausendstel Elektronenvolt. Um entsprechende Reaktionen auszulösen, sind dafür Wellen mit Längen im Millimeterbereich nötig. Obwohl schon in den dreißiger Jahren auf diese Nachweismöglichkeit hingewiesen wurde, waren solche Wellen damals nicht verfügbar.

Ein weiteres, recht ähnliches Verfahren benutzt hohe Schallfrequenzen, also quasi die zuvor schon erwähnten Phononen. Derartige Schallschwingungen müssen im Mega-Hertz Bereich, bei einigen Millionen Schwingungen pro Sekunde liegen. Mit Meßtechniken, die von den Mega- bis zu den noch schneller schwingenden Giga-Herz-Wellen reichen, liefern die Messungen ein klareres Bild. Auch dieses Meßverfahren gibt genügende Anhaltspunkte, in welcher tatsächlichen Größenordnung die »Energielücke« liegt.

Beide Meßverfahren sind aufwendig und schwierig. Leichter ist es den Physikern gefallen, mit Hilfe der sogenannten Tunnel-Elektronen zu Resultaten zu kommen. Hierzu trennen sie zwei Supraleiter mit einer hauchdünnen isolierenden Schicht. Es reicht sogar aus, als Übergang einen sogenannten Punkt-Kontakt zu verwenden: eine feine Spitze, die auf einer Fläche einjustiert wird.

Normalerweise bliebe diese isolierende Schicht auch gegenüber den Elektronen bestehen, wenn an die supraleitenden Pole eine Spannung angelegt wird. Aber nun tritt das Phänomen ein, daß sich Elektronen durch die Isolierschicht »hindurchtunneln«. Ihre Energien und ihr Umfang sind meßtechnisch gut zu erfassen. Und was unter normalen Bedingungen funktioniert, klappt auch unter supraleitenden Bedingungen bei extrem tiefen Temperaturen. Dadurch wird es möglich, das Verhalten der Cooper-Paare und das Auftreten der Energielücke, wenn diese Elektronenpaare aufgetrennt werden, genau zu verfolgen.

Wenn die Meßwerte aus allen drei Verfahren miteinander verglichen werden, sind die Übereinstimmungen frappierend. Sie liegen für die Cooper-Paare bei einem dimensionslosen Wert von etwa 3,5. Um ihn in absoluten Meßeinheiten anzugeben, muß er noch mit der Boltzmannschen Konstante und der kritischen Temperatur (T_c) multipliziert werden.

Weitere Übereinstimmungen dieser Messungen mit der Formel von Bardeen, Cooper und Schrieffer haben aber auch schon viel früher gemachte Überlegungen des thermodynamischen Prinzips ergeben.

Aktuell und von möglicher technischer Bedeutung ist das Verhalten der Elektronenpaare an supraleitenden »Übergängen« geworden. Wobei unter derartigen Übergängen die Josephson-Übergänge verstanden werden.

Die supraleitenden Metallegierungen erbringen zusammen mit den Elektronenpaaren kraft des widerstandslosen Elektronentransports wahre Wunderleistungen an Geschwindigkeiten: Entsprechend konstruiert, werden transistorähnliche Schaltungen in billionstel Sekunden hin- und hergeschaltet.

Nach langjährigen Versuchen von IBM, diese Legierungen in superschnellen Computern einzusetzen, nahm der Konzern allerdings 1983 Abschied von derartigen Plänen. Der Grund ist heute gut untersucht und verständlich: Die Josephson-Übergänge, als Transistor-Schaltungen, funktionieren nur mit äußerst geringen Schalt-Toleranzen. Das heißt, daß die Schaltströme und Spannung mit einer hohen Präzision eingehalten werden müssen, um zu funktionieren.

Es gibt noch andere Einsatzgebiete, in denen diese Eigenschaften geradezu erwünscht sind, zum Beispiel in der Meßtechnik. Mit solchen Josephson-Übergängen lassen sich äußerst genaue »Spannungs-Normale« realisieren, wie sie bislang nicht erreicht wurden. Für die mit immer kleineren Strömen und Spannungen arbeitende Elektronik sind sie eine praktikable und wichtige Kontrollmöglichkeit.

Schließlich sei ihr Einsatz bei »SQUIDs« zur Messung ganz geringer Magnetfelder oder als Meßgeräte zur Überprüfung von Herztätigkeit und Blußgefäßen erwähnt.

Wissenschaftler unterscheiden zwei Arten von Supraleitern. Sie sprechen von *Supraleitern erster und zweiter Art*. Der Unterschied liegt in der Struktur, der Reaktion auf äußere Magnetfelder und in den verwendeten Legierungen.

Supraleiter erster Art zeigen die Eigenheit, daß sie ein Magnetfeld völlig verdrängen können. Das gilt so lange, wie ein supraleitender Strom bei den entsprechenden Temperaturen unterhalb der bekannten Sprungtemperatur in diesen Materialien fließt. Das gilt aber auch so lange, wie ein von außen wirkendes Magnetfeld nicht zu stark wird. Überschreitet es einen Grenzwert, ist es schlagartig mit der Supraleitung vorbei.

Bei Supraleitern der zweiten Art kann ein äußeres Magnetfeld etwas »eindringen«. Bei ihnen bleibt die Supraleitung trotz starker Magnetfelder länger erhalten.

Es waren die Physiker Meißner und Ochsenfeld, die den nach ihnen benannten Effekt entdeckt und aufgrund der Supraleitungs-Theorien berechnet haben. Zahlreiche andere Physiker haben in späteren Jahren den Effekt bestätigen können.

Meißner und Ochsenfeld beobachteten, daß supraleitende Werkstoffe schrittweise ihre Fähigkeit der Supraleitung verlieren, wenn sie in immer größer werdende Magnetfelder gebracht werden. Dabei drückt das Magnetfeld quasi immer stärker auf den Supraleiter und erschwert den schnellen Fluß der supraleitenden Elektronen.

Unter normalen Bedingungen ist dieser Effekt nicht zu registrieren. Er wird erst offenbar, wenn sehr große Magnetfelder um den Supraleiter liegen.

Um herauszufinden, *wie* das strukturell oder physikalisch abläuft und welche Veränderungen in dem Material auftreten, brauchten Physiker seit 1911 mehr als vierzig Jahre.

Zuerst gab es theoretische Überlegungen und Berechnungsversuche. Sie ergaben, daß in einem Supraleiter der zweiten Art – diese Art wird nun auch technisch genutzt – die magnetischen Kraftlinien in Form von schlauchartigen Bahnen einen Supraleiter durchziehen müßten. Physiker sprechen nach dem Entdecker, L. V. Shubnikov, daher von der »Shubnikov-Phase« der Supraleiter zweiter Art.

Bundesforschungsminister Dr. Heinz Riesenhuber hatte Glück, daß er bei seinem der internationalen Presse vorgeführten »Meißner-Effekt« nicht just in diese physikalische Lücke gefallen ist. Es hätte nämlich durchaus sein können, daß der Magnet, über den sich das neue supraleitende Material schwebend erhob, so stark war, daß er die Supraleitung verhindert hätte.

Der Magnet bestand aus Neodym-Eisen-Bor, demjenigen Werkstoff, der heute in der Lage ist, als Permanentmagnet die größten Feldstärken zu liefern. Er war nicht in der Lage, die magnetische Kraft des neuartigen Supraleiters zu übertreffen, solange dieser sich unterhalb der entscheidenden Sprungtemperaturen befand. Und die konnten, wie das Experiment augenfällig vorführte, im Temperaturbereich von flüssigem Stickstoff gehalten werden, Temperaturen also um 77 Kelvin, gleich minus 196 Grad Celsius.

Solange das supraleitende Material im Tieftemperaturbereich war, schwebte es über dem Permanentmagneten. Die Höhe, in der es darüber schwebte, entspricht in etwa der magnetischen Kraft, die der Permanentmagnet abgibt. Aber es ist eine Magnetkraft, deren Feld genau entgegengesetzt derjenigen des Permanentmagneten ist. Das Schweben ist also ein sichtbares Zeichen, daß beide Magnetfelder sich abstoßen.

Physiker erklären den interessanten Versuch so: Die magnetischen Feldlinien des Permanentmagneten erzeugen im Bereich der Supraleitungstemperaturen im supraleitenden Material einen »Abschirmstrom«, der sich in einem entgegengerichteten Magnetfeld zeigt. Er ist so kräftig, daß er innerhalb der Supraleitungstemperaturen den Schwebezustand aufrechterhält.

Der Meißner-Ochsenfeld-Effekt nun kann auf zweierlei Weise vorgeführt werden:

● Im ersten Fall liefert ein Permanentmagnet, der keine supraleitenden Eigenschaften besitzt, ein magnetisches Kraftfeld. Der supraleitende Magnet oder – wie jetzt demonstriert – ein Material aus Yttrium-Barium-Kupferoxid wird in flüssigem Stickstoff auf minus 196 Grad Celsius abgekühlt und über den Permanentmagneten gebracht. Es bleibt dort so lange in der Schwebe, wie die Supraleitung in dem Zürich-Oxid existiert. Daß es sich wirklich um einen Schwebezustand handelt, demonstriert man mit einer kleinen Drahtschlinge;

- die zweite Variante ist schon von Meißner und Ochsenfeld vorgeführt worden. Hierzu wurde ein Metall benutzt, das bei sehr tiefen Temperaturen supraleitend ist. Die Physiker verwendeten eine Bleischale. Sie legten darauf einen kleinen Permanentmagneten und begannen dann die Bleischale bis hinab auf wenige Kelvin abzukühlen. Sie mußten dazu flüssiges Helium einsetzen, weil Blei nur bis zu Temperaturen von 7,2 Kelvin supraleitend ist. In dem ansonsten nichtmagnetischen Blei entsteht durch die elektrischen Ströme der Supraleitung ein Magnetfeld, welches gegen den Permanentmagneten gerichtet ist und ihn daher anhebt. Kraftquelle ist hier wie dort das Magnetfeld des Permanentmagneten, das in dem sonst nicht magnetisierbaren Blei einen Strom, den Abschirmstrom, »anwirft« und die Bleischale dann wie einen Magneten wirken läßt.

Eine Variante dieses Experiments mit den heutigen Mitteln mutet vergleichsweise primitiv an: Man nimmt ein kleines lochfreies Kästchen aus einem gut isolierenden Material, beispielsweise aus Styropor, das von irgendeiner Verpackung stammt und füllt es mit flüssigem Stickstoff, der darin nur langsam verdampft. Dann legt man ein Stück aus dem neuen Supraleitungs-Material hinein, das nun auf Temperaturen um 77 Kelvin abgekühlt wird. Schließlich legt man einen kleinen »normalen« Magneten darauf, der sofort zu schweben beginnt.

Beide Demonstrationsmöglichkeiten – Permanentmagnet unten, supraleitendes Material schwebt darüber oder umgekehrt – werden heute von verschiedenen Herstellern als sogenanntes Lehrspielzeug angeboten. Den Anfang machte schon im Juni 1987 ein findiges japanisches Unternehmen. Es verlangt allerdings dreihundert US-Dollar für einen kompletten Satz mit normal und supraleitenden Magneten, Handschuhen, um sich die Finger nicht am tiefkalten Stickstoff zu »verbrennen«, einer Schutzbrille sowie einer kleinen Isolierkanne, um den flüssigen Stickstoff einige Stunden vorrätig halten zu können.

Auch die Hanauer Vacuumschmelze hatte an etwas Ähnliches gedacht. Die Preisvorstellungen hingegen bildeten ein Hindernis. Inzwischen sind ein holländisches Lehrmittelinstitut und einige amerikanische Anbieter »auf dem Markt« und wollen lediglich noch fünfundzwanzig Dollar dafür haben.

Zweifelsohne ist ein solches Lehrmaterial ein ganz ausgezeichnetes Mittel, um den Meißner-Ochsenfeld-Effekt der neuen Supraleiter vorzuführen. Wer aber ist in der Lage, nicht nur die vielfältigen Besonderheiten der Zürich-Oxide und anderer supraleitender Werkstoffe zu erklären, sondern gleichzeitig auch den Aufbau unserer Materie, also Atom- und Quantenphysik, Kristallografie, Keramik und Chemie? Dazu zählt schließlich noch die Aufzählung der gegenwärtigen Anwendungen der Supraleiter in der medizinischen Diagnostik und zur Erforschung des Aufbaus komplizierter Moleküle bis hin zur Teilchenphysik mit Elektronenbeschleunigern oder gar der Nutzung sehr großer Magnetfelder, um Kernfusionen möglich zu machen. Wenn man sich diese Reichweite vor Augen hält, begreift man zumindest bruchstückhaft, wie tief die kommenden Auswirkungen der Supraleitung in unser Weltbild einzugreifen vermögen.

Kurioserweise werden unter Bastlern auch Rezepte gehandelt, wie zu Hause Zürich-Oxide herzustellen seien. Aber es gehört schon eine gute Laborausstattung dazu, um die notwendigen Temperaturen von 900 und mehr Grad Celsius zu erreichen. Schwieriger wird es, wenn man die Metalloxide ganz langsam und schrittweise über Stunden hinweg abkühlt. Ohne eine feinfühlige Temperatur-Regelanlage geht das nicht.

Schließlich müssen die Metalloxide noch mit Sauerstoff behandelt werden, der in einem genau regelbaren Gasstrom über das gesinterte Material geleitet werden muß. Wie Meldungen zu entnehmen ist, haben aber Schüler hierzulande wie in den Vereinigten Staaten ihre eigenen Zürich-Oxide hergestellt, die auch Sprungtemperaturen um 70 bis 80 Kelvin aufweisen.

Weil in einem Supraleiter der innere elektrische Widerstand fast völlig verschwindet, können von außen einwirkende Magnetfelder zusammen mit den Elektronen einen elektrischen Strom »anwerfen«. Er zeigt sich dann in einem anderen, neuen Magnetfeld, welches zur Abstoßung des äußeren Magnetfeldes führt.

Dennoch bleibt ein äußerst geringer innerer Widerstand bestehen, den die heutigen Meßverfahren gerade noch andeuten. Er dürfte bei weiteren Grundlagenforschungen durchaus eine Rolle spielen, zumal es hier um die *inneren* Gesetzmäßigkeiten geht, die das plötzliche Auftreten der Supraleitung bei der kritischen Temperatur erklären könnten.

Viele der heute vorliegenden Strukturuntersuchungen zeigen auf, daß die Zürich-Oxide oder ähnlich konzipierte Keramiken ganz empfindlich auf die Anwesenheit der vorhandenen Sauerstoff-Atome reagieren. Wenn ein sogenanntes stöchiometrisches Verhältnis von Sauerstoff-Atomen zu Yttrium-, Barium- und Kupfer-Atomen vorliegt, sind die Oxide recht gute Isolatoren. Von der Supraleitung bleibt dann keine Spur mehr.

Wenn aber ein Sauerstoff-Defizit vorliegt, dann funktioniert die Supraleitung plötzlich wieder. Die Verhältnisse werden noch komplizierter: So zeigen eine Reihe von Untersuchungen, daß in der kristallinen Struktur der Oxide die Kupfer-Atome in verschiedenen Wertigkeiten vorliegen. Das heißt, daß Kupfer sowohl als zwei- aber auch als dreiwertiges Kupfer in den supraleitenden Verbindungen anzutreffen ist. In der Chemie gelten Verbindungen mit dreiwertigem Kupfer als am beständigsten.

Kupferoxide kommen als Verbindungen in der Natur in verschiedenen Wertigkeiten vor. Bekannt ist das einwertige Kupfer: Cu_2O, das von braunroter, charakteristischer Farbe ist. Es wird bei Nachweisreaktionen auf Zucker als »Anzeiger« benutzt und dient der Glasindustrie zur Rotfärbung von Glas oder Emaille.

Ebenso existiert ein zweiwertiges Kupferoxid: CuO, das beim Erhitzen einiger Kupferverbindungen entsteht. Im

Gegensatz zum einwertigen Kupferoxid zeigt es in Glasflüssen eine blaue bis blaugrüne Farbe.

Eine Farbregel läßt sich aus diesen Beobachtungen nicht herleiten. Es wird nur deutlich, daß ein und dasselbe Metall zusammen mit Sauerstoff sich ganz anders verhält und reagiert. Auch bei diesen Farberscheinungen spielen Elektronen eine wichtige Rolle. Ebenso aber auch das Zusammenwirken der Kupfer- und Sauerstoffatome.

Einen interessanten Weg zur Erklärung der neuen supraleitenden Oxide wies der amerikanische Chemophysiker Richard J. Thorn vom staatlichen Forschungsinstitut »Argonne National Laboratory« in Argonne im Bundesstaat Illinois. Aufgrund seiner Erfahrungen mit organischen Verbindungen, die elektrische Ladungen übertragen können, fand er mathematische Formulierungen, die ein quantitatives Verhalten von Halbleitern wie Supraleitern erklären können.

Sie basieren auf gut zu bestimmenden, physikalisch-chemischen Parametern. Je nachdem, welche Werte in seiner Formulierung für zwei Parameter angenommen werden, ergeben sich drei errechenbare Kurven. Sie zeigen das Widerstands-Temperaturverhalten der neuen Supraleiter: als Halbleiter, Supraleiter oder isolierendes Material. Sie erklären, warum die Zürich-Oxide mit einem abnehmenden Sauerstoff-Anteil in ihrer kristallinen Struktur vom supraleitenden in den isolierenden Zustand übergehen. Das Resultat ist ein komplizierteres Kurvenverhalten, als es bislang bei Supraleitern einfacher Art zu registrieren war. Thorns Formulierungen stimmen bei einer Reihe von supraleitenden Materialien sehr gut mit den in der Praxis gemessenen Werten überein.

Die wichtigen Parameter sind nach seiner Modellrechnung: die Dichte der Ladungsträger und die »Energielücke«, die die Cooper-Paare nach sich ziehen. In den Fällen, in denen sich Elektron-Elektron-Vorgänge oder Übergänge abspielen, überwiegen die Halbleitereigenschaften. Wenn jedoch Elektron-Phonon-Reaktionen ablaufen, ist Supraleitung der Metalloxide im höheren Kelvin-Temperaturbereich zu beobachten.

Thorn kann durch diese Modelle auch belegen, daß für die

neuen Supraleiter sogenannte Phasenübergänge als wichtige Komponenten hinzukommen. Sie hängen eng an der chemischen Zusammensetzung und sind daher auch nur in entsprechend engen chemischen Grenzen zu stabilisieren. Die bestimmenden Größen hängen vom Verhältnis positiver und negativer Ionen im kristallinen Material ab.

Es sind dieselben Mechanismen, die Halbleiterwerkstoffe charakterisieren. Damit öffnen sich Erklärungsmöglichkeiten, warum bestimmte chemische Elemente für elektronische Schaltungen geeignet sind, andere nicht.

11.
Die Struktur ist das Geheimnis der neuen Supraleiter

Die Zürich-Oxide werden aus drei verschiedenen Metalloxiden zusammengesintert: die erste Komponente ist ein Seltenerdmetall-Oxid, zum Beispiel Lanthan, das heute hauptsächlich durch Yttrium ersetzt wird. Auch Neodym, Europium, Gadolinium und andere Elemente wurden auf ihren Einfluß auf die kritischen Temperaturen untersucht. Schließlich werden dann Barium-Oxid und Kupferoxid hinzugesetzt.

Wegen des stöchiometrischen Verhältnisses, in dem alle drei Komponenten zusammengebracht werden, hat sich auch noch ein anderer Begriff eingebürgert. Es wird von »1-2-3-Verbindungen« gesprochen, weil $Y_{(1)}Ba_2Cu_3O_x$ in diesen molekularen Verhältnissen zueinander zu supraleitenden Metalloxiden werden. Der Sauerstoffanteil – hier mit x bezeichnet – schwankt zwischen sechs und acht Molekül-Einheiten.

Wegen der drei verschiedenen Metalloxide handelt es sich außerdem um ein *ternäres* Stoffgemisch. Ternäre Verbindungen oder Legierungen sind für Metallurgen übliche Mischungen. Aber sie müssen mit viel Geschick in den richtigen Mengenverhältnissen zuammengestellt werden.

So hat eine Gruppe von Wissenschaftlern des »Almaden Research Centers« in San José im amerikanischen Bundesstaat Kalifornien mehr als dreihundert verschiedene Seltenerdmetall-Oxide mit Kupferoxid in den unterschiedlichsten Mengenverhältnissen zueinander untersucht. Dabei wurden neben den schon ohnehin bekannten Mischungen – Lanthan, Barium, Strontium und natürlich auch Yttrium mit Kupferoxid – auch die Seltenerdmetalle Scandium und Lutetium näher betrachtet.

Wie der Leiter der Gruppe, J. B. Torrance, resümierte, bleibt die 1-2-3-Mischung nach wie vor unübertroffen. »Die von uns untersuchten 57 Kupferoxid-Mischungen zeigen ganz deutlich, daß es auch zukünftig sehr sehr schwer sein wird, neue supraleitende Werkstoffmischungen aufzufinden.«

Sein Mitarbeiter und er mußten außerdem erkennen, daß die Herstellungstechniken, die Korngrößen der verwendeten Metalloxid-Pulver und die Sinterverfahren einen ganz entscheidenden Einfluß auf das supraleitende Endprodukt haben.

Für Keramiker ist das eine nicht unbedingt neue Erkenntnis. Sie wird bei den neuen Materialien wiederum bestätigt. Und neben der äußerst exakten Termpaturregelung sowie einem kontrollierten Feinmahl-Prozeß kommt bei den »Zürich-Oxiden« noch die Regulierung derjenigen Sauerstoffatome hinzu, die schließlich im festen Endprodukt in der kristallinen Struktur eingebunden werden. Um neben schwankenden Mischungsverhältnissen zu einigermaßen festen, kontinuierlichen Bedingungen zu kommen, wurden auch schon sogenannte Einkristalle aus Yttrium-Barium-Kupferoxiden hergestellt. Einkristalle besitzen in ihrem inneren Aufbau eine ideale Einheitlichkeit, weil sie nicht aus verschiedenen Kristallphasen bestehen. Ihre Einheitlichkeit erlaubt es daher, gewisse physikalische Grundlagenwerte leichter zu studieren.

Abbildungen supraleitender Kristallstrukturen (wie etwa im Bildteil zu sehen), die aus dem »Thomas J. Watson Forschungszentrum« stammen, sehen wie regelrechte Strickmuster aus. Sie zeigen Kristalle mit scharfen rechtwinkligen Kanten, die »würfel«-, aber aber auch plattenförmig aussehen können. Die Aufnahmen machen zudem klar, daß es schwierig ist, von äußeren Ähnlichkeiten auf die innere kristalline Struktur zu schließen. Hier handelt es sich noch um winzige Kristalle mit Kantenlängen von einigen Mikrometern.

Ganz anders sieht es aus, wenn mit hochauflösenden Abbildungsverfahren gearbeitet wird. Diese dokumentieren dann ein ganz anderes Kristall-Muster.

Hierzu haben französische Forschergruppen schon als klassisch zu bezeichnende Einblicke in die entscheidenden kristallinen Strukturen geliefert. Sie zeigen zwar auch, daß rechtwinklige Mikrokristalle vorliegen, daneben aber eine Art Muster, das den atomaren Aufbau dokumentiert. B. Raveau und C. Michel vom kristallografischen und materialwissenschaftlichen Institut der Universität von Caen benutzten für diese Aufnahmen eine Bildauflösung, die einzelne Atome der supraleitenden Areale erkennen läßt.

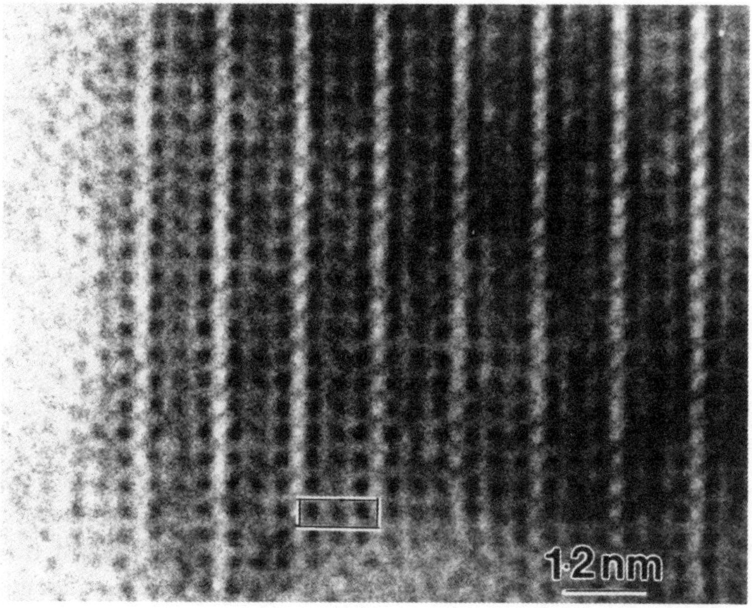

Abb. 3: REM-Aufnahme der neuen Supraleiter in 20millionenfacher Vergrößerung. Die hellen Reihen stellen Kupfer- und Sauerstoffatome dar, flankiert von dunklen Reihen aus Bariumatomen. Dazwischen schwach erkennbar Yttriumatome. (Quelle: IBM Yorktown Hights)

Noch etwas anderes wird aus den Aufnahmen deutlich: Es sind nur sehr kleine Areale – Wissenschaftler sprechen dann von »Domänen« –, die diese wohlgeordneten, kristallinen Strukturen aufweisen.

Es kommt hinzu, daß die nach Linien ausgerichtete Struktur der einzelnen Domänen im Material selbst wechselt. Die

Domänen schwanken in ihrem Umfang von etwa 30 bis 500 oder sogar 1000 Ångström. Das bedeutet, daß die Kristallstruktur in ganz unterschiedlichen Winkeln zueinander vorliegen kann.

Diese Eigenheit wird heute so gedeutet: Die »schnellen Cooper-Elektronen« finden an diesen Korngrenzen innere Widerstände vor. Und da sie dann nicht gleichmäßig durch die Zürich-Oxide »fliegen«, wird die kritische Temperatur gesenkt. Das heißt, sie liegt bei rund hundert Kelvin, könnte aber ganz erheblich höher sein, wenn es nicht die winkligen Domäne-Strukturen gäbe.

Es existieren Hinweise, daß diese Ansicht zutrifft: Die Grundlagen dazu stammen aus ultrafeinen Messungen, die nur die kritischen Temperaturen und Ströme in einzelnen Domänen erfaßt haben. Damit heben sich möglicherweise supraleitende Domänen in ihrer Wirkung gegeneinander auf. Das führt zu niedrigeren und unerwünschten Sprungtemperaturen. Es scheint daher nicht abwegig zu sein, Sprungtemperaturen bis über 150 Kelvin erreichen zu können. Eine Verfahrens- und Bearbeitungstechnik, die auch die Domänen in einer Ebene ausrichten kann, ist jedoch bis heute noch nicht bekannt. Diese Theorie würde außerdem erklären, warum bestimmte Materialproben eine »Richtungsabhängigkeit« der supraleitenden Ströme aufweisen.

Aus alledem geht unzweideutig hervor, daß sowohl die Materialmischung als auch die Anordnungen der Domänen die supraleitende Eigenschaft ganz entscheidend bestimmen.

Gehen wir nun noch eine Ebene »tiefer«: Wie sehen die Kristalle nach allen bislang vorliegenden Strukturuntersuchungen aus?

Die Raster-Elektronenaufnahmen des Yttrium-Barium-Kupferoxids zeigen rechtwinklige, linienförmige Strukturen. Sie geben nur einen unvollkommenen Aufschluß, welche Atome im Kristall an welchen Stellen wirklich stehen. Die wichtige Aufklärung der kristallinen Anordnung scheint im großen und ganzen heute abgeschlossen zu sein. Europäische und amerikanische Forschungsteams konnten nach nur einem halben

Jahr ihrer Forschungs- und Untersuchungsarbeiten eine große Übereinstimmung ihre Arbeitsergebnisse feststellen.

In grob vereinfachter Form zeigen die beiden Abbildungen den strukturellen Aufbau (siehe Abbildung auf nächster Seite).

Zum Verständnis des sehr komplizierten Aufbaus sollte auf zwei räumliche Strukturen geachtet werden:

- eine quaderförmige Gitterstruktur, in deren Innerem sich abwechselnd Yttrium- und Barium-Atome befinden;
- rautenförmige und pyramidenartige Strukturen, die einander abwechseln.

Das Seltenerdmetall Yttrium steht quasi in einer würfelförmigen Anordnung aus zweiwertigem Kupfer, Barium dagegen ist jeweils von zwei- und einwertigem Kupfer umgeben. Um das Ganze noch verwirrender zu machen, sind die Kupfer- und Sauerstoff-Atome nicht entlang der Kanten eines Quaders angeordnet, sondern in ungleichmäßigen abwechselnd pyramiden- und rautenförmigen räumlichen Strukturen. Die gezeichneten Striche geben die Winkel und die vermessenen Abstände an, in denen die Atome zueinander stehen.

Das gleichfalls abgebildete Kugelmodell gibt schon einen realistischeren räumlichen Kristallaufbau wieder. Dabei wird klar, daß die Sauerstoffatome erheblich größer sind als die Metall-Atome. In den elektronen-mikroskopischen Abbildungen sind diese strukturellen Elemente in etwa wiederzuerkennen.

Nach allen heute vorliegenden Strukturuntersuchungen gilt es als sicher:

- der Wechsel-Rhythmus von rautenförmigen, also orthorhombischen, mit den pyramidenförmigen, den tetragonalen, räumlichen Anordnungen charakterisiert die neuen Hochtemperatur-Supraleiter;
- das trifft ebenfalls für den Wechsel von ein- und zweiwertigen Kupferatomen zu, die sich jeweils in der rhombischen und der tetragonalen Anordnung wiederfinden;
- wenn der kompliziert gebaute Kristall etwas mehr oder auch etwas weniger Sauerstoff enthält, kann keine Supraleitung beobachtet werden.

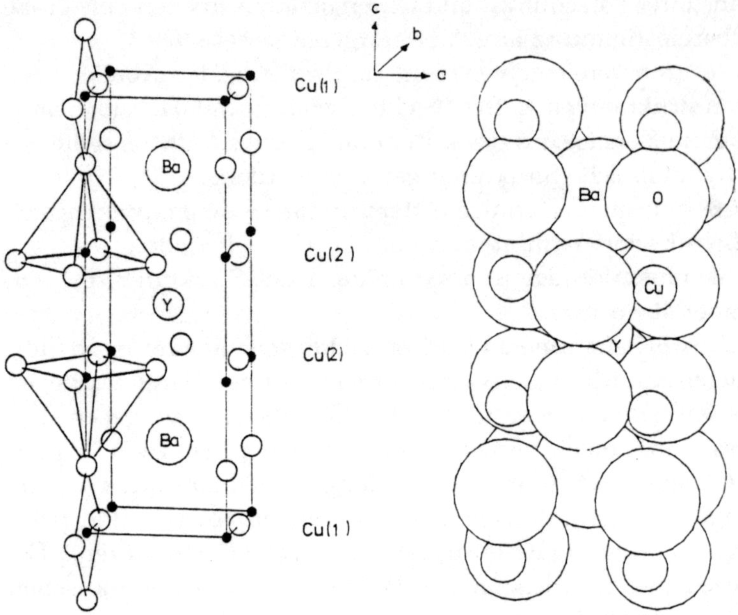

Abb. 4: Struktur- und Raummodell des Yttrium-Barium-Kupfer-Supraleiters.

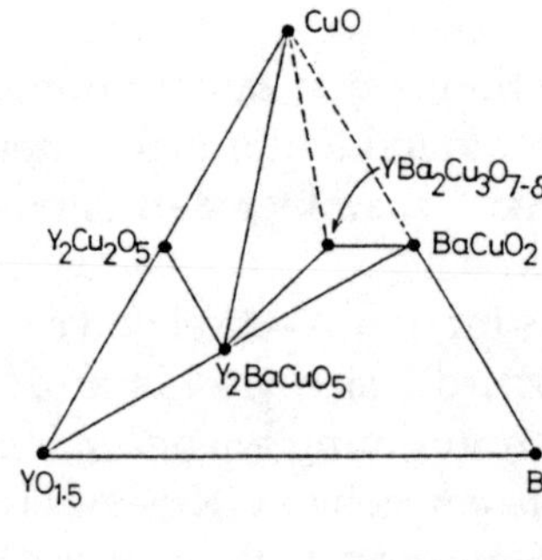

Abb. 5: Phasendiagramm verschiedener Y-Ba-Cu-O-Systeme.

Für den Zustand der Supraleitung können schon ganz geringe Mengenunterschiede an Sauerstoffatomen entscheidend sein. Das »x« in der chemischen Formel für den Sauerstoffanteil schwankt zwischen den Werten von 6,5 und 7,1. So ganz fest liegt dieser Wert nicht. Und gerade das macht es so schwierig, die genau richtige »Supraleitungs-Mischung« der Zürich-Oxide erst einmal im Labor und später im technischen Maßstab zu produzieren.

Wer beim Zusammensintern der Metalloxide oder auch beim vorsichtigen, gezielten Abkühlen Fehler macht, landet schnell bei Yttrium-$Barium_2$-$Kupfer_3$-$Sauerstoff_6$. Seinen Eigenschaften nach ist dieses Metalloxid ein echtes Halbleitermaterial. Sind es jedoch acht Sauerstoffatome geworden, so hat man einen guten Isolator in Händen.

Chemiker und Verfahrenstechniker bewegen sich daher auf einem sehr, sehr schmalen Grat. Für viele stellt dies eine große Herausforderung dar, denn sie halten die Beherrschbarkeit für realisierbar. Die vielfältigen, unterschiedlichen Herstellungsverfahren machen die Kompliziertheit deutlich. Man wird von dieser zähen und kostenzehrenden Arbeit relativ wenig hören, zumal oft Winzigkeiten den entscheidenden Ausschlag geben.

Die Ähnlichkeit der Struktur mit den Perowskiten liegt in der rhombischen – Wissenschaftler sprechen meist von »orthorhombischer« – Anordnung. Allerdings ist der Aufbau etwas einfacher. Perowskite haben die Formel: ABO_3. Dabei kann »A« für Blei, Kalzium oder Barium, »B« für Titan, Zirkonium, Zinn oder Niob stehen. Je nachdem handelt es sich also um Titanate, Zirkonate, Stannate oder Niobate.

Was den Wissenschaftlern bei ihren Entwicklungsarbeiten Mut macht, ist die Tatsache, daß auch die Perowskit-Struktur aus der etwas einfacheren kubischen, also würfelförmigen Struktur des Granat-Minerals unter hohem Druck und bei hohen Temperaturen in der Erdkruste entstanden ist, Verfahrenstechniken, die auch uns zur Verfügung stehen.

Die Erkenntnisse der kristallinen Gitterstruktur gelten heute als weitgehend abgesichert. Neben elektronen-mikroskopischen Abbildungen wurden zur Strukturaufklärung zahlreiche physikalische Meßverfahren herangezogen, um die errechneten und theoretischen Modellvorstellungen zu untermauern und zu belegen.

Als wichtigste Verfahren gelten die Röntgen- und die Neutronenstrahl-Beugung. Mit ihrer Hilfe können die Zuordnungen der Atome in einem Kristall, ihre Abstände und Winkel noch in Bruchteilen von Ångström, beziehungsweise Grad, ermittelt werden. Bei beiden Verfahren wird eine kleine Materialprobe, meist als Einkristall, oft aber auch als Pulver, von einem Strahl durchleuchtet. An denjenigen Stellen des Kristalls, wo ein Atom sitzt, erfolgt eine Ablenkung des Strahls. Das Muster der gebeugten Strahlen wird von einem empfindlichen Film aufgezeichnet. Die sich anschließende Auswertung der Aufnahmen ist meist sehr schwierig und zeitraubend.

Mit Hilfe des Röntgenlichts lassen sich besonders gut die Abstände der Metallatome voneinander in einem Kristall ermitteln. Bei den großvolumigen und leichteren Sauerstoffatomen in Verbindung mit den relativ schweren Metallatomen führt die Röntgenspektroskopie zu Schwierigkeiten: Die Elektronenwolken der Metallatome »überdecken« die Sauerstoffatome im Beugungsspektrum zu sehr.

Deshalb greift man in solchen Fällen zu Neutronen-Strahlen. Diese Untersuchungstechnik ist erheblich aufwendiger, weil es nur wenige Institute gibt, die über eine entsprechende Neutronenquelle verfügen. In Europa besitzt die »Kernforschungsanlage Jülich« eine derartige Meßapparatur. In Großbritannien ist es das »Rutherford Appleton Laboratory« in Chilton/Oxfordshire. Auch bei CERN in Genf stehen Neutronenstrahlen zur Verfügung.

Mit der Neutronenstrahl-Spektroskopie kann man sehr gut die leichten von den schwereren Atomen im Beugungsspektrum unterscheiden und ihre Stellung in einem Kristallgitter lokalisieren.

Die Ergebnisse einer Forschergruppe der Universität von Missouri in Columbia, die über einen Forschungsreaktor mit einer ausreichend starken Neutronenstrahlung verfügt, sind inzwischen veröffentlicht worden: Wie der Physiker D. Xie

REM-Aufnahme von Einkristallen der neuen Supraleiter mit angelegten Meßdrähten *(IBM)*

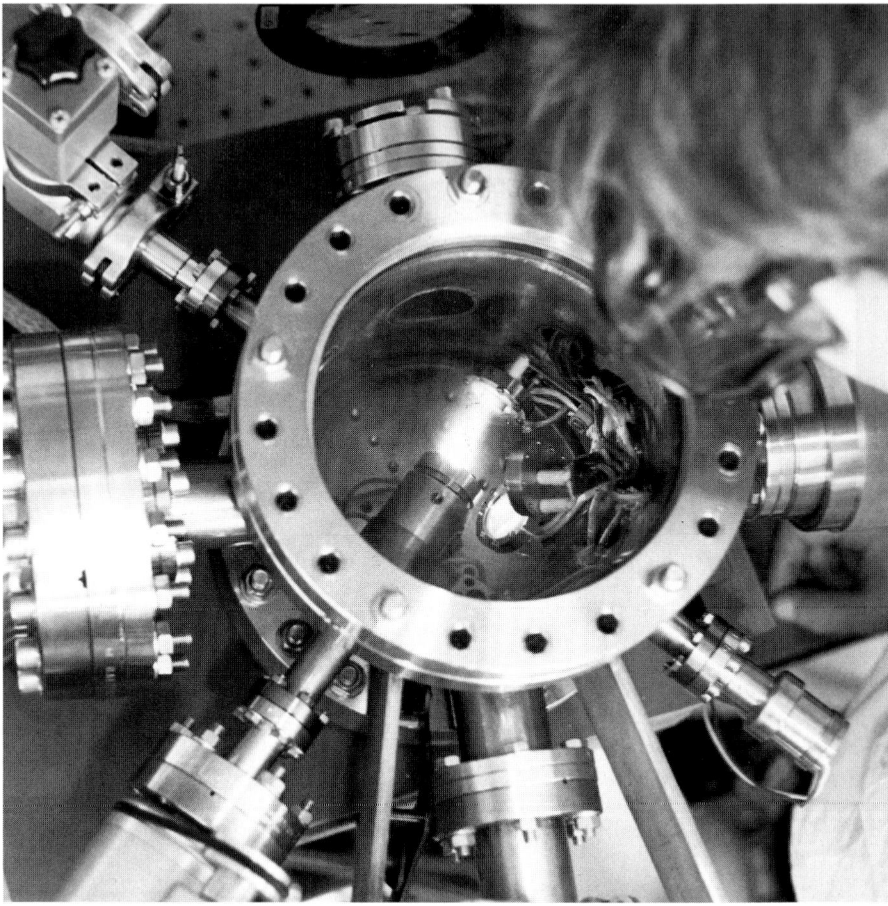

Vakuumkammer zum Aufdampfen oder Auftragen extradünner Schichten aus den neuartigen supraleitenden Werkstoffen *(Siemens)*

Karl Alex Müller und Georg Bednorz in ihrem Labor in Rüschlikon *(IBM)*

oben: Pressekonferenz anläßlich der Bekanntgabe des Nobelpreises für Physik 1987 *(Stern)*
unten: Karl Alex Müller erhält aus der Hand von König Carl XVI. Gustav von Schweden am 10. Dezember 1987 in Stockholm den Nobelpreis *(dpa)*

wissen ließ, sind neben dem Wert für »O_x«, der in der Nähe von 6,5 zu liegen kommt, die strukturellen Verhältnisse für die supraleitende Phase ermittelt worden: »Der Optimalwert für Hochtemperatur-Supraleiter liegt bei einem Verhältnis von vier zu eins für orthorhombische zu tetragonalen Strukturen.«

Das bedeutet, daß viermal mehr rautenförmige Anordnungen in den supraleitenden Werkstoffen vorliegen müssen als pyramidenförmige, tetragonale Strukturen. Nach Berichten des amerikanischen »Brookhaven National Laboratory«, Upton/New York, und des französischen Instituts »Laue-Langevin«, abgekürzt ILL, in Grenoble werden diese Angaben bestätigt.

Darüber hinaus hängt die supraleitende Fähigkeit der 1-2-3-Oxide aber ganz wesentlich an den Kupfer-Oxid-Ketten, die in den Kristallgitter-Kanten »stehen«. Damit wird möglicherweise auch die Theorie belegt, daß Elektronen in einer derart kompliziert aufgebauten Gitterstruktur diese regelrecht »eindellen« können. Dabei finden dann gleichzeitig die »Cooper-Paare« zusammen und ermöglichen den »Superstrom«.

Die Nobelpreisträger von Rüschlikon waren sich dieser Tatsachen – speziell bei Halbleitermaterialien wie den Metalloxiden – durchaus bewußt: »Unser Forschungslabor in Rüschlikon hat schon seit über zwei Jahrzehnten eine Tradition in Oxiden«, sagt Müller.

Er wollte damit ausdrücken, daß eigentlich schon von Anfang an in Rüschlikon Grundlagen der Werkstoffe erarbeitet wurden, die möglicherweise einmal in der Elektronik eingesetzt werden könnten. Zu diesen Verbindungen zählen neben den typischen Halbleitern eben auch oxidische Materialien, die aus Metall- und Sauerstoffatomen bestehen. Wegen des Auftretens beider Atomgruppen haben sie natürlich auch ein besonderes Verhalten gegenüber dem elektrischen Strom.

Aus diesen Erfahrungen ergab sich, daß gerade in Oxiden die Wechselwirkungen zwischen den Elektronen und den Bewegungen des atomaren Gitters der Oxide erstaunlich groß sind. Das rührt nach allen bisherigen Experimenten daher, daß die elektrisch negativ geladenen Elektronen in irgendeiner Weise mit denjenigen Atomen in Beziehung treten, die Elektronen abgegeben haben und daher eine positive Ladung besitzen. Die Wissenschaftler sprechen hierbei von sogenannten *Atom-Rümpfen.*

Sehen kann man diese Rümpfe freilich nicht. Das gelingt selbst heute noch nicht mit dem Rüschlikoner Tunnel-Elektronenmikroskop, weil lediglich die Elektronenladungen an den Oberflächen der untersuchten Materialien abgebildet werden. Die Gitterbewegungen können nur mit anderen, extrem empfindlichen Meßinstrumenten verfolgt werden. Solche Gitterenergien sind mathematisch zu berechnen, wenn quantenphysikalische Methoden herangezogen werden.

Gerade diese Elektronen-Wechselwirkungen in Oxiden gaben Müller Idee und Hinweis, sich die Grundformel der Supraleitung, die BCS-Formel, daraufhin einmal genauer anzusehen.

So liegt die Dichte der Elektronen in Metallen bei etwa 10^{22} Elektronen pro Kubikzentimeter. In Oxiden dagegen ist sie um eine Größenordnung kleiner und liegt bei oxidischen Kristallen wie dem Spinell oder den Perowskiten bei etwa 10^{21} Elektronen pro Kubikzentimeter. Immerhin beträgt dieser Unterschied etwa das Zehnfache der Elektronendichte zwischen metallischen und oxidischen Verbindungen.

Alex Müller weiter: »Wenn man sich dann die Formel für das Zustandekommen der kritischen Temperatur, der Sprungtemperatur, ansieht, erkennt man unschwer, daß die Dichte, aber auch die Wechselwirkung der Elektronen direkt proportional zur Sprungtemperatur sind.«

Müllers geniale Überlegungen setzten hier an. Wenn nämlich in Oxiden die Dichte lediglich um eine Zehnerpotenz kleiner ist als in den Metallen selbst, gibt es zwei Möglichkeiten, zu hohen Sprungtemperaturen zu gelangen:

- entweder die Dichte der Elektronen in den Oxiden zu erhöhen oder
- die Wechselwirkung, die Reaktionen zwischen den Atomrümpfen und den Elektronen, zu erhöhen.

Da der Elektronendichte nach allen bisherigen Erfahrungen und Beobachtungen recht enge Grenzen gesetzt sind, liegt der Schluß auf der Hand: Man muß nach den Materialien suchen, die hohe bis sehr hohe Wechselwirkungen zwischen dem Gitter und den Elektronen aufweisen.

Müller sagt selbst, daß ihm die Verhaltens- und Reaktionsweisen einer Reihe von oxidischen Verbindungen bekannt waren. Aber erst die rein theoretischen Arbeiten seines Baseler Kollegen Harri Thomas brachten ihn schließlich auf die richtige Fährte.

Die Gruppe der *Spinelle* und der *Perowskite* weist mit ihren speziellen Kristallstrukturen interessante Eigenschaften auf.

Spinelle bestehen aus Magnesium- und Aluminium-Oxid. Am bekanntesten sind Spinelle als Edelsteine. Rubin und Aquamarin sind beide nach demselben Kristallgitter-Prinzip aufgebaut. Spinell zeigt eine erstaunlich hohe kritische Temperatur von 13,7 Kelvin. Ein Hinweis, daß die Elektronenwechselwirkung bei dieser hohen Sprungtemperatur mitwirkt. Physiker interessieren an den Spinellen vor allem ihre bemerkenswerten magnetischen Eigenschaften.

So besitzen mit Eisenatomen »verunreinigte« Spinelle hartmagnetische Eigenschaften. Sie werden in vielfältiger Form in der Elektronik eingesetzt, wo sie als Ferrite bekannt sind, die wegen ihrer magnetischen Eigenheiten als Antennenstäbe in Radios zu erheblichen Empfangsverbesserungen führten. Gerade diese besonderen magnetischen Eigenschaften sind wiederum ein Zeichen der hohen Wechselwirkung zwischen den Elektronen. Spinelle sind somit eine Stoffgruppe, die recht dicht an den Zielen der Supraleitungsforscher Müller und Bednorz lag. Die Wechselwirkungen in Spinellen haben sich allerdings in Experimenten nicht als so groß erwiesen, wie es zur gewünschten Erhöhung der Sprungtemperatur nötig gewesen wäre.

Perowskite werden in zunehmendem Umfang künstlich hergestellt, weil sie piezoelektrische Eigenschaften aufweisen und daher fähig sind, auf Druck einen elektrischen Strom zu erzeugen. Die Bezeichnung dafür stammt aus dem Griechischen: piezein = drücken, pressen.

Die piezoelektrischen Keramiken übernehmen dieselbe Aufgabe wie Quarzkristalle zur Erzeugung sehr hoher Schallwellen beispielsweise zur Ultraschallerzeugung mit Schwingungen im Mega- und Giga-Hertz-Bereich. Am gebräuchlichsten und bekanntesten sind piezoelektrische Feuerzeuge, die ohne Feuersteine auskommen und deren lautes Knacken vom kurzzeitigen »Drücken« des Keramikstückchens herrührt. Die dabei erzeugte Spannung kann sehr hoch werden. Sie reicht schon bei Verwendung von kleinen piezoelektrischen Keramiken völlig aus, um nahezu alle brennbaren Gase sofort zu zünden.

Die Kristallstruktur der Perowskite ist für dieses interessante Verhalten verantwortlich. Sie zeigt – wie die der Spinelle – besondere Wechselwirkungen der Elektronen mit den Atomen des Kristallgitters. Daß gerade bei Oxiden neue, sogenannte Hochtemperatur-Supraleiter zu erhoffen sein dürften, zieht sich durch die gesamte Fachliteratur der Supraleitung seit Anfang der sechziger Jahre. Nur wußte man damals mit den Beobachtungen nichts Rechtes anzufangen.

Spezielle magnetische Eigenschaften, wie die bei den Spinellen, sind ein Hinweis auf besondere Elektronenreaktionen. Genauso – oder eigentlich noch deutlicher – gilt dies für das piezoelektrische Verhalten der Perowskite.

Nun ist es aber so, daß beide Kristalltypen durch die ganz unterschiedlichen chemischen Elemente, aus denen sie aufgebaut sind, einfach keine einheitliche Reaktionsform aufweisen. Damit wird es verständlich, daß Müller lange Jahre über die Verhaltensweise nachdenken mußte, bis er ahnte, daß sich daraus Supraleiter mit einer hohen Sprungtemperatur fertigen lassen. Oder anders ausgedrückt, daß *in der besonderen kristallinen Struktur die Lösung für die Hochtemperatur-Supraleiter verborgen lag.*

Bednorz bemerkt dazu: »Den ersten Anstoß gab mir Müller Anfang 1983. Da kam er zu mir und sagte, daß man nach metallischen Oxiden zu suchen hätte, die eine verstärkte Elektron-Phonon-Wechselwirkung aufweisen.«

Bednorz kannte sich in diesen Werkstoffen sehr gut aus. Er

hatte schon in seiner Promotionsarbeit das Verhalten von Ionen in Strontium-Titanaten untersucht: »Wir wissen ja inzwischen, daß Strontium und Titanoxide in Form ihrer Titanate ein besonderes Elektronen-Verhalten aufzuweisen haben.« Es sind nämlich Perowskite.

Damals, als ihm Müller den Weg aufgezeigt hatte, sah die Sachlage noch ganz anders aus. Die Mehrzahl der Supraleitungsforscher suchte intensiv nach neuartigen Metallegierungen. Wer in anderen Materialgruppen nach Supraleitern suchte, hätte damals regelrecht als »Spinner« gegolten. So unvorstellbar war das vor wenig mehr als vier Jahren.

Bednorz jetzt: »Das war so abwegig, daß jeder, der davon gehört hätte, damals nur mit dem Kopf geschüttelt hätte. Und besonders, weil wir in Rüschlikon schon längere Zeit eigentlich nichts mehr mit der Supraleitung, geschweige denn mit einer deutlichen Erhöhung der Sprungtemperaturen zu tun hatten. Wir waren sozusagen Außenseiter.«

Das ist sicherlich eine charmante Untertreibung. Schließlich forschten die Physiker und Materialwissenschaftler in Rüschlikon schon seit den siebziger Jahren an Materialien, die in der Elektronik eingesetzt werden sollten. IBM verfolgte ja bis 1983 mit einem sehr hohen finanziellen Aufwand die Absicht, einen Computer zu bauen, der supraleitende Bauelemente benutzen sollte.

Die Werkstoffe für diese empfindlichen und äußerst schnell reagierenden Josephsonschen Übergänge sind im großen und ganzen supraleitende, metallische Verbindungen, die von einer hauchdünnen Isolierschicht – etwa zehn bis zwanzig Ångström – aus keramischen Materialien getrennt sind. Als keramisches Material werden hauptsächlich Metalloxide aus der Gruppe der Spinelle, Perowskite oder ihrer künstlichen Abkömmlinge benutzt.

Müller wie Bednorz waren über diese Arbeiten informiert. Ja, sie haben zum Teil auch selbst an diesen Forschungsarbeiten teilgenommen. Dazu sagt Bednorz heute: »Wir haben früher schon auf dem Gebiet der Perowskite zusammengearbeitet. Und nun, auf der Suche nach den neuartigen metallischen Oxiden, landeten wir wieder in dieser Gruppe. Das hat uns sehr gefreut, denn bei dieser Kristallgruppe kannten wir uns ja einigermaßen gut aus.«

Müller und Bednorz waren sich bei ihrer Suche auch darüber im klaren, daß sie sich ganz hart an der Grenze von leitenden und nichtleitenden, also isolierenden Materialeigenschaften bewegten. Aber so ist das nun einmal in der modernen Physik: Es gibt eigentlich keine scharfen Grenzen zwischen Metallen und Nichtmetallen. Beide Werkstoffgruppen, wie alle anderen Materialien unseres Planeten, befinden sich immer in gewissen Übergangsphasen. Nur haben uns die auffälligsten und nutzbaren Eigenschaften in der Vergangenheit leicht dazu verleitet, scharfe Grenzen zu ziehen.

Die griechischen Philosophen haben das schon vor Jahrhunderten rein gedanklich mit »panta rhei« (»Alles fließt«) zu umschreiben versucht. Beweise standen ihnen wegen mangelnder Untersuchungsgeräte nicht zur Verfügung. Und unsere Wissenschaftsphilosophen tun sich heute äußerst schwer, diese fließenden Übergänge in scheinbar fest definierten Materialien der anorganischen und der organischen Naturstoffe verständlich zu machen.

Professor Müller und Bednorz haben bei ihren Entdeckungen viel Glück gehabt. Sie hätten ohne weiteres von anderen Wissenschaftlern überrundet werden können: So geht aus Forschungsberichten zweier französischer Forscher hervor, daß sich mit Veränderungen der Wertigkeiten des Kupferoxids in perowskit-ähnlichen Kristallverbindungen durchaus schon wenige Jahre vorher supraleitende Metalloxide hätten herstellen lassen.

Die Franzosen hatten allerdings keine neuen Supraleiter im Sinn. Sie wollten vielmehr neuartige Katalysatoren für preiswerte Synthesen »konstruieren«. Aber sie hatten mit ähnlichen Stoffzusammenstellungen herausgefunden, daß ihr Katalysator gerade durch die zwei- und dreiwertigen Kupferoxide eine sehr hohe Reaktionsfähigkeit erreicht.

Beide Kupferoxidstrukturen weisen in ihrem Material sogenannte Oktaeder-Strukturen auf. Sie führten durch die unterschiedlichen Wertigkeiten und den wechselnden Anteil der Sauerstoffatome auch zu eingegrenzten Verzerrungen des Kristallgitters. Und daraus folgerten sie auf die starken Wirkungen als Katalysatoren.

Gezielte Verzerrungen der Gitterstruktur plus unterschiedliche Mengen und Anordnungen der Sauerstoffatome waren gleichzeitig deutliche Hinweise auf hohe Wechselwirkungen von Elektronen im Kristallgitter. Da es nach Müllers Überlegungen um derartige Struktureigenheiten ging, befand sich Bednorz mit eben diesen Keramiken auf der richtigen Spur. Es kommt hinzu, daß die französischen Werkstoff-Forscher bei der intensiven Untersuchung der Eigenschaften der in Frage kommenden Verbindungen etwas sehr Bemerkenswertes feststellten: sie beobachteten, daß ihre Mischung aus Barium-, Lanthan- und Kupferoxid eine klar erkennbare elektrische Leitfähigkeit etwa bis in den Tieftemperatur-Bereich von hundert Kelvin aufwies. Danach, also bei »wärmeren« Temperaturen, maßen sie einen zunehmenden elektrischen Widerstand. Das genau deutete eigentlich schon auf die supraleitenden Eigenschaften dieser Keramiken hin. Sie konnten dieses wichtige Phänomen aber nicht in Richtung auf einen neuen Supraleiter deuten, weil sie nach ganz anderen chemischen und physikalischen Eigenschaften suchten.

Ähnlich erging es auch britischen Werkstofftechnikern, die an Lösungen arbeiteten, mit hohen Magnetfeldern flüssige oder gasförmige, umweltschädliche Stoffe voneinander zu trennen. Auch sie benutzten ähnliche Keramiken wie die Zürich-Oxide. Das Hauptziel ihrer Forschungen lag aber eben in einer völlig anderen Richtung.

Beide Forschergruppen haben völlig übersehen, daß sie schon die Substanz in Händen hatten, für die Müller und Bednorz nun den Physik-Nobelpreis 1987 erhielten.

12.
Die neuen Supraleiter müssen »gebacken« werden

Die Herstellung der neuen Hochtemperatur-Supraleiter wird in den kommenden Jahren das Hauptziel der Materialforscher sein. Der Begriff »Hochtemperatur« führt ein wenig in die Irre. Gemeint sind supraleitende keramische Werkstoffe, die schon um hundert oder mehr Kelvin Supraleitung aufweisen. Dabei wagt kein Wissenschaftler heute zu sagen, welche Temperaturbereiche tatsächlich eingehalten und erreicht werden können. Sie mögen schließlich bei 90 Kelvin, vielleicht aber auch bei 120 bis 140 Kelvin liegen.

Die kristalline Werkstoff-Kombination der neuen Supraleiter besteht aus drei Metalloxiden, die nur unter ganz bestimmten Herstellungstechniken supraleitend gemacht werden können.

Obwohl es sich bei den Zürich-Oxiden, beim Rohmaterial, um sehr reine Metalloxide handelt, spielen Sauerstoffatome eine äußerst wichtige Rolle im künstlich herzustellenden Kristallgitter. Wenn entsprechend der Struktur der Perowskite mit stöchiometrischen Verhältnissen gearbeitet wird, kommen keine supraleitenden Materialien heraus.

Georg Bednorz hat daher seine Sinterbehandlung so ausgerichtet, daß er nach der Sinterphase ganz gezielt *Sauerstoffatome in seine Keramik »einsickern«* ließ. Wie andere Werkstoffwissenschaftler hat Bednorz als eines der ersten Ergebnisse registriert, daß nur diejenigen Materialproben supraleitend sind, die einen »gewissen Mangel« an Sauerstoffatomen im Kristallgitter vorweisen. Über das »Wieviel« gibt es zahlreiche Untersuchungen. Wie sich aber das Kristallgitter mit defizitären Sauerstoffatomen zusammensetzt, darüber fehlt es noch an Grundlagenwissen. Ebenfalls mangelt es dabei an Kenntnissen, wie diese erwünschten »Anomalien« gezielt zu erzeugen sind.

Die nächste Schwierigkeit ist die *makroskopische Kristallstruktur.* Darunter versteht man die Größe der kristallinen Körnchen, aus denen sich die Keramik aufbaut.

Bednorz bevorzugte noch eine recht grobe Struktur. Aber inzwischen suchen Keramiker eher eine feinkristalline Struktur zu erreichen, weil damit deutlich bessere mechanische Eigenschaften zu erzielen sind. So können zum Beispiel Aluminiumoxid-Keramiken viel von ihrer Sprödigkeit verlieren, wenn als Ausgangsmaterial Körnchen von wenigen tausendstel Millimeter benutzt werden. Je feiner das Ausgangsmaterial, desto besser werden die mechanischen Eigenschaften der ausgesinterten Endprodukte.

Das ist sehr schwierig, weil alle bislang eingesetzten Verfahren Mühlen benützen müssen, die heute mit ihrer Technik am Ende sind: Korngrößen um und unter einem Mikrometer sind nur mit einem sehr hohen Mahlaufwand zu erreichen. Chemische Fällungsverfahren scheinen daher angezeigt. So hat zum Beispiel die Siemens AG sich zur Herstellung der neuen Supraleiter einer Zusammenarbeit mit der Hoechst AG versichert, da die Hoechst AG mit ihrer Tochtergesellschaft CERAMTEC über vielfältige Erfahrungen mit technisch genutzten Keramiken verfügt.

Nach allen bisherigen Kenntnissen über Supraleiter sind lediglich die dünnen, oberflächennahen Schichten die wirklichen Träger der Supraleitung. Das würde bedeuten, daß ein neuer Werkstoff nicht einmal bis in seine Tiefe hinein supraleitende Eigenschaften aufweisen muß.

Bei einer Reihe von Versuchen stellte sich nun heraus, daß dünne kristalline Schichten der neuartigen Keramiken einen *richtungsabhängigen* Supra-Strom zeigten. Das heißt, daß die Supraleitung möglicherweise von der Polung der angelegten Ströme abhängen kann. Chemiker und Physiker rätseln derzeit noch über dieses Problem. Sie müssen es klären, bevor die Werkstofftechniker die am besten geeigneten, supraleitenden Materialien herstellen können. Ähnliche Erscheinungen konnten auch schon in einigen Experimenten bei den sogenannten »alten« Supraleitern beobachtet werden.

Für Physiker sind solche Richtungsabhängigkeiten ein deutliches Anzeichen für eine ungleichmäßige innere Kristall-Struktur. Sie hängt wohl in erster Linie mit den Korngrößen zusammen, aber auch mit molekularen Struktureigenheiten. Man spricht dann von der sogenannten »Anisotropie«, einer Eigenschaft, die bei einer Reihe von perowskit-ähnlichen Kristallen sogar gewünscht wird, wenn diese Materialien besonders gute piezoelektrische oder pyroelektrische Eigenschaften vorweisen sollen.

Bis die Geheimnisse der inneren kristallinen Struktur der neuen Supraleiter wirklich völlig aufgeklärt und verstanden werden, kann es noch eine Zeitlang dauern. Währenddessen versuchen in aller Welt Gruppen von Werkstoffwissenschaftlern ausreichende Mengen des neuen Materials so herzustellen, daß es für die wichtigsten Versuche verfügbar ist, vor allem für die Hauptbereiche Elektronik, Sensoren und Mikrowellentechnik. Es scheint, daß recht dünne, filmartige Schichten der neuen Supraleiter ausreichen. Anfänglich werden deshalb gar nicht einmal sehr große Materialmengen erforderlich sein.

In Japan und möglicherweise auch in Europa, hier vor allem in der Bundesrepublik, richten sich die Interessen auf supraleitende, zumeist elektronische Schaltelemente. Wie in anderen Forschungsberichten auch prahlen die Europäer aber kaum mit technologischen Neuigkeiten. Sie schweigen sich eher darüber aus. Was in den hiesigen Forschungslabors und bei der Industrie geschieht, bleibt so lange unter Verschluß, bis handfeste und bewiesene Ergebnisse vorliegen.

Daß in nächster Zeit einige Veröffentlichungen zu erwarten sind, liegt auf der Hand. Schließlich haben rund vierzig Arbeitsgruppen an verschiedenen deutschen Universitäten zu forschen begonnen. Hinzu kommt die Forschungskapazität der beiden Kernforschungszentren in Jülich und Karlsruhe. Außerdem ist bei Siemens und ihrer Tochtergesellschaft, der

Vacuumschmelze in Hanau, in Sachen Supraleitung einiges in Bewegung geraten.

Anders ist das Verhalten von nordamerikanischen Firmen und Forschergruppen. Aus den dortigen Labors dringen Meldungen über eine Reihe interessanter Fortschritte, wie die 1-2-3-Verbindungen herzustellen sind.

Zuerst zu IBM. Die Grundlagen der Zürich-Oxide waren in ihrem Schweizer Labor in Rüschlikon entdeckt worden. Inzwischen hat es aber den Anschein, daß die IBM-Labors in Yorktown Heights und in Almaden aktiver sind als die Gruppe um Müller und Bednorz in der Schweiz. Denn den dortigen Forschern sind bis dato Fortschritte in drei wichtigen Bereichen gelungen:

- Sie können dünne Filme aus dem neuen, supraleitenden Material auf andere feste Unterlagen abscheiden;
- sie schaffen es, daß diese filmartigen Überzüge schon sehr hohe kritische Ströme aushalten, Ströme, die bis in Bereiche von rund zehntausend Ampère pro Quadratzentimeter hinaufreichen;
- alles deutet darauf hin, daß diese Herstellungstechnik kompliziert, aber dennoch gut beherrschbar ist und daß das Material, soweit man das in der relativ kurzen Zeit beurteilen kann, die seit seiner Anfertigung vergangen ist, auch stabil in seiner Struktur und seiner Lebensdauer ist.

Das staatliche Forschungslabor »Argonne National Laboratory« im Bundesstaat Illinois wiederum hat energietechnische Anwendungen im Auge. Das betrifft insbesondere supraleitende Kabel oder Wicklungen für Hochleistungsmagnete. Es war das erste Institut, das fadenförmig dünnes Material mit Durchmessern von wenigen Millimetern vorstellen konnte. Zu seiner Herstellung existieren verschiedene Verfahrenstechniken. Man kann ein elastisches und gut verarbeitbares Grundmaterial benutzen und die supraleitenden, keramischen Substanzen auftragen, aufdampfen, ablagern oder – einfacher noch – aufpressen.

Wichtige Forschergruppen, wie die um Paul C. W. Chu von der Universität in Houston/Texas, konzentrierten sich noch bis zur Jahresmitte 1987 auf Werkstoffmischungen mit möglichst extrem hohen kritischen Temperaturen. Man hoffte, mit strukturell veränderten Zürich-Oxiden die Sprungtemperatur hochzutreiben. Die »Weltrekordmarken« lagen zur Jahresmitte schon bei etwa dreihundert Kelvin. Temperaturen, die die Raumtemperatur von etwa zwanzig Grad Celsius überschreiten (273 plus 20 = 293 Kelvin). In der Zwischenzeit wurden noch höhere Werte für die Sprungtemperatur vermeldet.

Seither ist es um derartige Sensationsmeldungen stiller geworden. Schon im März 1987 hatten Müller und Bednorz nicht ohne Grund gesagt, daß solche hohen Sprungtemperaturen möglicherweise auf Meßfehler oder fehlerhafte Meßapparaturen zurückgeführt werden könnten. Oder, auch das sagten sie unmißverständlich, daß es sich um wenig stabile, kurzzeitig vorhandene »Anomalien« handeln könnte. Beide haben jedoch immer betont, daß derart hohe Sprungtemperaturen nicht prinzipiell auszuschließen seien. Nur würde es mit objektiven Nachweisen noch hapern.

Die industrie- und damit die anwendungsnahe Forschung richtet ihr Augenmerk in erster Linie auf Materialmischungen und Verfahrenstechniken für die neuen Hochtemperatur-Supraleiter etwa im Arbeitsbereich von hundert Kelvin. So ließ beispielsweise die Philips-Gesellschaft im Dezember 1987 verlauten, sie habe ein stabiles Material geschaffen, welches bis 130 Kelvin supraleitend sei. Das ist neben den Ergebnissen von Politis vom Kernforschungszentrum in Karlsruhe das interessanteste Forschungsergebnis aus Europa.

Wie einem Report der amerikanischen »Chemical Society« zu entnehmen ist, der sich im September 1987 ausschließlich der Chemie der neuen Hochtemperatur-Supraleiter widmete, läuft eine zeitaufwendige Suche nach demjenigen Material, das in möglichst weniger als einem Jahr in einigen praktischen Anwendungen erprobt werden kann. Dabei wird es sich um vergleichsweise »kleine« Versuchsanordnungen handeln, die sich Anwendungen in der Elektronik widmen.

Militärische Anwendungen, durch erhebliche Mittel aus dem US-Verteidigungshaushalt gefördert, stehen im Vordergrund. Welche Erfolge hier bislang erzielt worden sind, wird verständlicherweise geheimgehalten. Die Ergebnisse dürften allerdings in einigen Jahren den Markt für die neuen Supraleiter weit öffnen.

Die Produktion der »alten« Supraleiter erfolgt üblicherweise in zwei Verfahrensschritten: Zuerst wird eine Art »Kartusche« von fünfzig Zentimeter Durchmesser und ein bis eineinhalb Meter Länge mit den in sechseckige Kupferstäbe eingeschobenen Supraleitern aus Niob-Titan- oder Niob-Zinn-Legierungen vollständig angefüllt. (Das Umschlagbild dieses Buches zeigt einen Ausschnitt aus einer solchen halbgefüllten »Kartusche«.)

Diese wird nun hermetisch verschlossen, um mit verschiedenen Temperierungs-Verfahren behandelt zu werden. Das ist für $Niob_3$-Zinn notwendig, um die Legierung aus pulverförmigen Grundbestandteilen zusammenzuschmelzen. Da diese supraleitenden Kabel aber heute je nach ihrem Einsatzzweck »maßgeschneidert« werden, können noch ganz andere, unterschiedliche Temperbehandlungen vorgenommen werden.

Im Anschluß daran wird die Kartusche in einer speziellen Preß- und Ziehanlage in mehreren Schritten zu Barren, Stangen und schließlich zu Kabeln mit ein bis zwei Zentimetern Durchmesser ausgezogen. Dann werden diese Kabel – auch wieder in mehreren vorsichtigen Schritten – bis zu millimeterdünnen Drähten gestreckt. Sie werden schließlich mit einem Oberflächenschutz versehen, aufgespult und konfektioniert. Aus einer Kartusche entstehen bis zu 150 und mehr Meter lange feine Drähte.

Die Firma Vacuumschmelze in Hanau hat eigens zur Produktion dieser supraleitenden Drähte eine Fertigungsstätte errichtet und in Betrieb. Es bleibt nun aber abzuwarten, ob diese Herstellungstechnik auch mit den neuen supraleitenden Werkstoffen praktiziert werden kann.

Diese Herstellungs- und Verfahrenstechnik könnte beim gegenwärtigen Entwicklungsstand auch den sehr spröden neuen Werkstoffen über die mannigfachen mechanischen Belastungen hinweghelfen. In Anlehnung an diese Technik müssen die neuen Supraleiter nicht einmal eine hohe Festigkeit aufweisen. Sie könnten in der Ziehtechnik mit einer Kupfermatrix auch zu Hunderten von Metern langen Kabelsträngen ausgezogen werden.

Wie die Verarbeitungstechnik im einzelnen aussehen wird, bleibt vorerst ein Geheimnis der betreffenden Industrieunternehmen. Wegen der äußerst scharfen internationalen Konkurrenz darf niemand erwarten, daß die betreffenden Firmen bekanntgeben, wie sie mit den neuen Werkstoffen umzugehen vorhaben.

Wo Forscher wie auch Werkstofftechniker bislang am weitesten vorangekommen sind, sind Verfahren, die neuen Supraleiter in hauchdünnen, filmartigen Schichten herzustellen. Wissenschaftler der amerikanischen IBM-Forschungslabors erkundeten Wege, dünnschichtige, supraleitende Überzüge in Laborversuchen herzustellen. Worauf immer IBM damit zielt: Ihre keramischen Filme können heute schon sehr hohe Ströme tragen. Nach Meldungen aus dem IBM-Labor in Yorktown Heights liegt die erreichte Obergrenze für die Stromtragfähigkeit bei mehr als einer Million Ampère pro Quadratzentimeter. Werte, die aufzeigen, daß sich mit den Zürich-Oxiden nicht nur relativ »kleine« elektronische Anwendungen realisieren lassen werden, sondern in naher Zukunft auch Hochstromkabel.

Zum Auftrag dünner Schichten für kleinste elektronische Bauelemente oder Schaltkreise stehen heute vielfältige Arbeitstechniken zur Verfügung. Sie werden in großem Umfang von der Elektronikindustrie eingesetzt. Zwei Verfahrenstechniken sind inzwischen auch mit den neuen supraleitenden Werkstoffen erfolgreich erprobt worden:

- Sputtern und
- Aufdampfen.

Zum *Sputtern* ist eine luftdichte Arbeitskammer nötig, die unter Vakuum gesetzt wird. Man kann in einer solchen Apparatur nur mit kleinen Stücken arbeiten, die einen wenige Mikrometer dicken Überzug aus der »Sputterquelle«, dem »Target« erhalten. Dazu wird ein größeres Stück aus dem neuen Supraleiter-Material ebenfalls in die Kammer verbracht und mit hochenergetischen Kathoden- oder auch Laserstrahlen verdampft. Aus dem Dampf lagern sich dann die hauchdünnen Schichten auf eine Unterlage ab. Die Sputter-Technik hat den Vorteil, daß sie sehr genau kontrolliert werden kann und mit kleinen Probemengen auskommt. In den Siemens-Forschungslabors wird auf diese Weise versucht, SQUIDs herzustellen. Bei IBM in den Vereinigten Staaten sind es elektronische Komponenten. Es ist auch schon gelungen, Leiterbahnen damit herzustellen: Nur muß im Anschluß daran das überflüssige Material »weggeätzt« werden. Eine Arbeitsweise, die in der Produktion elektronischer Schaltkreise aber zur Routine gehört.

Kishin Moorjani, Physiker an der Johns Hopkins Universität im amerikanischen Bundesstaat Maryland, bevorzugt zum Sputtern einen regelbaren Excimer-Laser, um nanometerdünne Schichten aufzutragen.

Alan Kadin von der Universität Rochester benutzt dagegen eine extrem starke Ionenquelle. Robert Buhrman von der Cornell-Universität im Bundesstaat New York wiederum experimentiert nicht im Vakuum, sondern benutzt ein Hochdruck-Verdampfungsverfahren.

Aber auch mit sogenannten *Schmelzspinn-Verfahren* wird experimentiert. Hierzu werden die keramischen Grundstoffe aus dem geschmolzenen Zustand blitzschnell auf einer Unterlage abgekühlt. Dieses Verfahren kommt ebenfalls ohne Vakuum aus und liefert dünne Drähte oder schmale Bänder. Nach den bisher vorliegenden Erfahrungsberichten müssen sie allerdings in einem zweiten Verarbeitungsschritt noch einem Temper-Verfahren unterzogen werden, um das erwünschte Temperaturverhalten vorzuweisen.

Zum *Aufdampfen* der neuen supraleitenden Werkstoffe auf mechanisch belastbare Unterlagen werden schließlich auch Plasma-Spritzverfahren untersucht. Hier werden die Keramiken in einer Art Spritzpistole aufgeschmolzen und mit hohen Temperaturen auf die Unterlagen aufgespritzt. Eine Verfahrenstechnik, die großtechnisch zum Aufbringen von korrosionsschützenden Schichten schon lange verwendet wird.

In vielen Fällen zeigt sich jedoch, daß nach dem Auftragen der dünnen oder dickeren Schichten noch ein ganz gezieltes Temperieren erforderlich ist. Wie Labormessungen zeigen, werden hohe Sprungtemperaturen nur dann erreicht, wenn das supraleitende, keramische Material über Stunden hinweg aufgeheizt und vorsichtig wieder abgekühlt wird. Bei diesem Verfahren kommt es nach den Strukturuntersuchungen zu einer Art »Ausrichtung« der einzelnen, grob verteilten supraleitenden Domänen im kristallinen Material. Wünschenswert wäre es, neben der Temperung andere verfahrenstechnische Wege auszukundschaften, mit denen die Ausrichtung der Domänen gelingt.

Es gibt Hinweise, daß sich das fertigungstechnisch in wenigen Jahren beherrschen läßt. So produziert man in Hanau zum Beispiel andere Kabel, die mit einem mineralischen Überzug schon während der Fertigung überzogen sind. Der Forschungsleiter der Hanauer Vacuumschmelze, Professor Dr. Hans Warlimont, bezeichnet Drähte, die nach diesem Verfahren produziert werden, als »mineral-isolierte« Drähte. Diese Herstellungstechnik wurde in Hanau inzwischen serienreif gemacht. Als mineralischer Überzug kommen verschiedene keramische Werkstoffe, auch Siliziumnitrid, in Frage.

Derartige Drähte werden als Sonderanfertigung für hochempfindliche und gegen jegliche Temperatureinflüsse widerstandsfähige Sensorelemente eingesetzt. Der keramische Überzug kann dabei je nach dem Einsatzzweck gewählt werden. Hohe Hitze-Isolation, hohe spezielle Widerstandswerte oder auch Korrosionsfestigkeit gegenüber elektrischen Strömen sowie äußeren Einflüssen können wunschgemäß kombiniert werden.

Um feinfühlig zu produzieren, werden die »Drahtseelen« aus Kupfer, Eisen oder Aluminium bei sehr hohen Temperaturen mit den mineralischen Hüllmaterialien im Plasma-Sprühverfahren beschichtet, was heute schon in einer kleinen Serienproduktion funktioniert. Der Absatz ist gut, denn kaum ein anderes Unternehmen kann solche Spezialdrähte oder Kabel in einer derart hohen Exaktheit so günstig herstellen.

Mit ähnlichen Fertigungsverfahren scheint es durchaus möglich zu sein, auch die neuen keramischen Supraleiter auf eine metallische Unterlage aufzubringen. Die metallische Unterlage kann dann möglicherweise wie die »alten« Helium-Supraleiter weiterverarbeitet werden.

13.
Milliarden für die Supraleitungs-Forschung

Der bundesdeutsche Forschungsminister, der Chemiker Dr. Heinz Riesenhuber, fühlte sich getroffen, als er am 16. Oktober in der Tageszeitung »Die Welt« den Vorwurf lesen mußte: Vier deutsche Nobelpreisträger, Georg Köhler, Klaus von Klitzing, Gerd Binnig und jetzt noch Johannes Georg Bednorz, »haben ihre bahnbrechenden Forschungsarbeiten im Ausland durchgeführt«.

Der Journalist, der dies in einem Kommentar schrieb, ist Leiter des Wissenschaftsressorts dieser überregionalen Tageszeitung. Dr. Dieter Thierbach ist wie Riesenhuber Chemiker und weiß, wovon er redet. Er bescheinigt der deutschen Forschungspolitik eine schon seit Jahren anhaltende Krise, denn die Eliten wandern ab. Verprellt vom Bürokratismus an Hochschulen und Großforschungseinrichtungen, fühlen sie sich unterfordert, weil sie ihre Kreativität nicht frei entfalten können.

Dieser Vorwurf blieb kein Einzelfall: Riesenhuber indes konnte das als verantwortlicher Minister nicht unwidersprochen hinnehmen. In einem Interview mit einer Stuttgarter Zeitung und in einem Interview mit dem Südwestfunk reagierte er: »Mein Ministerium bemüht sich, die Wissenschaftsförderung und die Bestenauslese ›attraktiver‹ zu gestalten.«

Das ist richtig und unbestritten. Seine Entgegnung geht aber am Kern der Vorwürfe vorbei. Kein einziges Wort fiel über die bürokratischen Hemmnisse oder die sogar politisch bekämpfte Elitenförderung in der Bundesrepublik Deutschland.

Riesenhuber hat leider aber auch eine Chance versäumt, auf die Erfolge und Ergebnisse der Supraleitungsforschung in der

Bundesrepublik in den vergangenen Jahrzehnten hinzuweisen. Sie gibt es nämlich schon seit Anfang der siebziger Jahre. Wie Professor Dr. Peter Komarek abschätzt, sind in den abgelaufenen fünf Jahren gut 300 Millionen Mark ausgegeben worden. Das ist nämlich der Betrag, mit dem die heute verfügbaren supraleitenden Kabel zur Marktreife gebracht wurden. Die industrielle Verwertung dieser Forschungsergebnisse hat beispielsweise der Hanauer Vacuumschmelze einen Weltmarktanteil von rund dreißig Prozent eingebracht.

Unsere Großforschungsinstitute haben hieran einen wesentlichen Anteil: Wir können uns auf eine kontinuierliche, seit mehr als einem Jahrzehnt laufende Supraleitungsforschung abstützen. Dazu haben sich innerhalb weniger Monate seit der Entdeckung der Zürich-Oxyde in der Bundesrepublik an Universitäten und Hochschulen rund vierzig Arbeitsgruppen etabliert. Ihnen stehen zusammen mit Fördermitteln für die Forschungszentren in Karlsruhe und Jülich allein 1987 insgesamt etwa sieben Millionen Mark zur Verfügung. Dabei muß es nicht bleiben: Kurzfristig können weitere Finanzmittel für diese wichtige Forschung zur Verfügung gestellt werden – wenn es nötig ist.

Das Bundesministerium für Forschung und Technologie (BMFT) unterscheidet zwei Arten von Fördermaßnahmen: Zum einen erhalten in den kommenden Jahren Großforschungs-Labors und Universitätsgruppen für Grundlagenforschungen jährliche Forschungsmittel von rund sieben bis neun Millionen Mark. Parallel dazu werden ganz bestimmte, ausgewählte Forschungsprojekte gefördert. Dafür stehen etwa bis 1989 mehr als fünfzig Millionen Mark bereit. Nach einer Meldung des Forschungsministeriums vom 30. Juni 1987 werden drei wichtige Bereiche unterstützt, in denen supraleitende Kabel der herkömmlichen Technik eingesetzt werden sollen. Aus diesem Fundus wurden schon von 1983 bis 1987 23 Millionen Mark für die Entwicklung eines supraleitenden Läufers für Kraftwerksgeneratoren bereitgestellt. Weitere rund 27 Millionen Mark gingen in die Entwicklungsarbeiten für Kernspin-Tomografiegeräte.

Das BMFT gibt selbst zu, daß es sich dabei lediglich um eine Art Hilfestellung für die entwickelnden Industrieunternehmen handelt. Diese müssen selbst mindestens noch einmal die gleiche Summe aufbringen, um den Forderungen zur Projektunterstützung durch das Ministerium Genüge zu tun. Auf diese Weise kommen schnell etwa hundert Millionen Mark an Entwicklungskosten zusammen, die innerhalb von fünf Jahren in der Bundesrepublik Deutschland in erfolgversprechende Projekte geflossen sind oder fließen werden.

Das betrifft aber allein die Projekte in der *alten* Supraleitungstechnik. Für die neuen Hochtemperatur-Leiter aus ähnlichen Keramikmischungen wie den Zürich-Oxiden rechnet das Bundesministerium für Forschung und Technologie mit zwei Förderungs-Phasen von jeweils drei bis fünf, beziehungsweise sieben bis zehn Jahren. Im ersten Anlauf sollen die Werkstoffe produktionstechnisch beherrschbar gemacht werden. Im zweiten Schritt soll die Industrie mit ins Spiel kommen und marktreife Kabel, Geräte oder Anlagen zusammen mit den Forschungsinstituten entwickeln.

Das sind ehrgeizige Pläne. Die dafür verfügbaren Fördermittel liegen noch nicht fest, aber es werden zweistellige Millionenbeträge genannt, die man in die jährlichen Etats einbringen möchte. Ob Forschung und Industrie in der Bundesrepublik im Rennen um die Hochtemperatur-Supraleiter mithalten können, wird sich deshalb erst in den nächsten Jahren herausstellen.

Die Startposition ist denkbar günstig. Unsere Großforschungsinstitute haben seit den siebziger Jahren intensiv weitergearbeitet. Sie müssen nicht wie die meisten amerikanischen oder japanischen Institute fast bei Null anfangen. Aber es stimmt doch etwas bedenklich, wenn jenseits des Atlantiks Hunderte von Millionen Dollar staatlicher Mittel in die Supraleitungsforschung gesteckt werden und wenn die Japaner, nicht minder forschungsfreudig, nahezu gleich große Fördermittel bereitstellen.

So ist es nur allzu selbstverständlich, daß die Europäische Kommission am Supraleitungs-Rennen teilhaben will. Verantwortlicher Kommissar ist der Deutsche Dr. Karl-Heinz Narjes, der mit Eifer und Engagement eine gemeinsame europäische Forschung vorantreiben will. Wie bei anderen gemeinsamen Forschungsvorhaben der Europäer sollen möglichst viele Institute und Hochschullabors aus verschiedenen Ländern der Europäischen Gemeinschaft in einem Gemeinschaftsprojekt zusammenarbeiten. Die EG-Kommission hat schon in der Vergangenheit zahlreiche grenzübergreifende Projekte mit mehr oder weniger großem Erfolg initiiert.

Was Wissenschaftler wie Industrielle häufig bremst, ist das komplizierte Antrags- und Abwicklungssystem der EG-Kommission.

In Sachen Hochtemperatur-Supraleiter waren die Brüsseler jedoch außergewöhnlich schnell: Noch vor einer ähnlichen Konferenz der Amerikaner Ende Juli 1987 in Washington riefen sie zu einem Arbeitsgespräch vom 1. bis 3. Juli 1987 nach Genua. Beschlüsse waren nicht zu erwarten, aber die etwa 500 Teilnehmer waren sich einig, daß ein EG-Programm hilfreich sein könne, zumal die Zielsetzungen weltweit recht ähnlich seien. Neues könne deshalb auch nicht gefordert werden. Wünschenswert wäre jedoch eine europäische Koordination der einzelnen nationalen Programme.

Die Bundesrepublik, Großbritannien und Frankreich rangieren zwar an der Spitze, weil sie schon jahrelang Supraleitungsforschung betrieben haben. Aber auch in Italien, den Niederlanden und selbst in Spanien gibt es schon Arbeitsgruppen, die allesamt ein beachtliches Wissenspotential darstellen. Zusammengefaßt wäre Europa so gesehen durchaus fähig, mit dem Ausland in einen wissenschaftlich-technischen Wettbewerb zu treten.

Wieweit das tatsächlich geschehen wird, ist derzeit noch offen. Die wirtschaftlichen Konsequenzen für eine Reihe von Industrieunternehmen sind allerdings sehr weitreichend.

Die Europäer wünschen sich beispielsweise eine engere Zusammenarbeit in der Grundlagenforschung. Ein Wunsch, der wohl am leichtesten erfüllt werden kann. Außerdem wurden Stimmen laut, die teilweise recht teuren und kostspielig zu betreibenden Laborausrüstungen partnerschaftlich zu nutzen. Da wird es schon schwieriger. Denkbar wären zentrale Labors, wie sie in der Kernfusionsforschung existieren. Jedoch auch hier hat es immer wieder Querelen um die Standorte gegeben. Wer ein solches Labor in seinem Land hat, hat selbstverständlich nicht unwichtige Vorteile. Er kann zum Beispiel seinen Nachwuchs erheblich leichter trainieren und ausbilden.

Schließlich soll ein computerisiertes, gemeinsames Informations-Netz aufgezogen werden. Eine Forderung, die vom Vorgehen der Amerikaner ausgeht. In den USA wurde im Frühjahr 1987 eine Datenbank für alle Informationen über die Supraleitung aufgebaut. Falls die Amerikaner, wie es sich derzeit ankündigt, aber keine »offene« Informationspolitik mehr betreiben wollen, möchten die europäischen Forscher diesem Mangel wenigstens etwas entgegensetzen.

Die europäische und außereuropäische Situation läßt sich zu Beginn des Jahres 1988 folgendermaßen zusammenfassen:

In *Großbritannien* wird Grundlagenforschung mit etwa annährend derselben Intensität wie in der Bundesrepublik betrieben. Die britischen Forscher sind im Markt von Meßgeräten engagiert: SQUID-Anlagen zur Messung schwacher Magnetfelder, zur Bestimmung elektrischer Ströme und Spannungen sowie schwacher Infrarotstrahlen in Bolometern.

Der »Motor« der englischen Supraleitungsforschung ist die General Electric Company PLC, abgekürzt GEC, mit Sitz in London. GEC hat bereits seit Jahren eine eigene Supraleitungsforschung betrieben. Sie möchte nun die britische Regierung dazu bringen, jährlich rund eine Million Pfund an zusätzlichen Forschungsmitteln auszugeben. Damit sollen etwa 20 Wissenschaftler finanziert werden. GEC will aus eigener Tasche nochmals 300 000 Pfund beisteuern. Sie bietet sich auch an, von der Anwenderseite her ein spezielles britisches Forschungsprogramm zu koordinieren.

Die General Electric selbst ist hauptsächlich an der Entwicklung von Großmagneten für wissenschaftliche und medizinische Geräte interessiert. Sie ist damit auch Partner der europäischen Kernfusionsforschung, in der in Zukunft mit besonders starken, supraleitenden Magneten der Plasma-Einschluß erprobt werden soll.

Dazu kommen Großgeneratoren zur Stromerzeugung sowie supraleitende Elektromotoren, ein Spezialgebiet, mit dem man hofft, der englischen Schiffsbau-Industrie wieder auf die Beine zu helfen. Supraleitende Elektromotoren als Schiffsantriebe können bei gleicher Antriebsleistung deutlich kleiner sein als herkömmliche Aggregate.

Die GEC kooperiert im Meßgerätebau auch mit der »Oxford Instruments Group PLC«, gegenwärtig in Europa noch einziger Lieferant hochempfindlicher SQUID-Magnetfeld-Meßgeräte und führend im Weltmarkt.

In Großbritannien schätzt man, daß eine Gruppe von etwa 50 bis 60 Wissenschaftlern zusammengebracht werden kann. Ohne die Mitarbeiter von GEC finden sich heute schon Arbeitsgruppen an den Universitäten von Oxford, Cambridge, Birmingham und Southampton sowie in staatlichen Forschungsinstituten wie dem »Rutherford Appleton Laboratory«, einem Forschungslabor, das nach dem berühmten britischen Atomphysiker Ernest Rutherford benannt wurde und das zahlreiche physikalische Grundlagenprobleme bearbeitet. Es ist außerdem in die europäische Energieforschung mit eingebunden.

In *Frankreich* besteht ein großes Wissen um die speziellen Rohstoffe, die zur Produktion der neuen Hochtemperatur-Supraleiter gebraucht werden. Die dortigen Forschungsarbeiten richten sich beispielsweise auf strukturelle und kristallografische Probleme. Französischer Mitbewerber im europäischen Energiegeschäft ist die Firma Alsthom mit Hauptsitz in Paris.

Das europäische Know-how kann abgesehen von militärischen Anwendungen durchaus mit dem übrigen Ausland konkurrieren, denn es gibt einen ausreichend großen Stamm von Wissenschaftlern aller Sparten und Fachbereiche.

Amerikanischen Wissenschaftlern und Technikern sollen in den kommenden drei Jahren rund 150 Millionen Dollar aus

Etats des Verteidigungsministeriums für die Supraleitungsforschung zur Verfügung stehen. Weitere elf Millionen Dollar stellt die »National Science Foundation« bereit, eine Institution, die etwa der Deutschen Forschungsgemeinschaft vergleichbar ist. Die Mittel sind jedoch mit zwölf recht weitgespannten Forderungen verknüpft. Sie sind im folgenden aufgeführt, damit man sich ein Bild machen kann, wie die US-Regierung versucht, nationale Ziele mit der Supraleitungsforschung zu verknüpfen:

- Ausweitung der Antitrust-Gesetze, um amerikanischen Unternehmen gemeinsame Forschungsprojekte untereinander möglich zu machen;
- Änderungen der amerikanischen Patentgesetze, so daß US-Patentinhaber ausländische Abnehmer für Patente auf Verfahrenstechniken belangen können, wenn sie beim Import in die USA gegen diese Schutzrechte verstoßen;
- Einschränkungen der Informationsfreiheit, um zu verhindern, daß wirtschaftlich verwertbare technische Informationen aus amerikanischen staatlichen Laboratorien gegenüber Nicht-Amerikanern enthüllt werden können;
- die Einrichtung einer speziellen Beratergruppe, um die Verwaltung über Forschungs- und Nutzungs-Taktiken zu unterrichten;
- die Einrichtung von Forschungszentren für die Supraleitung in den staatlichen Laboratorien Argonne, Berkeley, Ames sowie im National Bureau of Standards in Boulder, Bundesstaat Colorado;
- die Etat-Zuweisung der schon erwähnten 150 Millionen Dollar für den Forschungszeitraum von drei Jahren. Außerdem eine Umschichtung von Etats der »National Science Foundation« aus anderen Projekttiteln:
- Beschleunigung der Zusammenarbeit staatlicher Labors mit Universitäten und Industrielabors;
- neue Verwaltungsvorschriften für das US-Patentamt, um den Schutz amerikanischer Ansprüche schneller als bisher bei Anmeldungen aus der Supraleitungsforschung zu erreichen;
- Beschleunigung von Standards, um Vergleiche und

Nachprüfungen von supraleitenden Werkstoffen, Bauteilen und Verfahren zu erleichtern;

- Wiederzuteilung von Forschungsmitteln für die Supraleitungsforschung, die zwischenzeitlich gesperrt wurden;
- Beschleunigung der Erforschung supraleitender Sensoren und elektronischer Bauelemente;
- größere Anstrengungen, um gemeinsame amerikanisch-japanische Supraleitungs-Forschungsarbeiten durchzuführen.

Diese umfassenden und tief in wissenschaftliche Belange eingreifenden Forderungen zeigen zweierlei: Die Amerikaner fürchten die Forschungsanstrengungen von Europäern und Japanern. Sie geben damit indirekt zu, daß sie einen Nachholbedarf in der Grundlagen- wie in der angewandten Forschung haben. Ob ihre restriktive Politik sich auszahlt, sei dahingestellt. Deutsche Wissenschaftler wie Peter Komarek vom Kernforschungszentrum Karlsruhe sind da eher skeptisch.

Die US-Regierung ist schlecht beraten, wenn sie glaubt, mit einer restriktiven Wissenschafts- und Forschungspolitik Vorteile zu erlangen. Die Erfahrung lehrt, daß Konkurrenten dann noch größere Anstrengungen unternehmen, den technologischen Nachteil umgehend auszugleichen.

Über die japanische Supraleitungs-Forschung möchten die Amerikaner mehr wissen. Das ist verständlich, denn auf dem Gebiet der Elektronik haben die Japaner den Amerikanern weitgehend den Markt aus der Hand genommen. Das soll sich – so amerikanische Politiker und Unternehmer – nicht noch einmal wiederholen. Deshalb soll durch amerikanische Wissenschaftler, die mit japanischen Kollegen Kontakt haben oder die als Gäste in japanischen Instituten arbeiten, versucht werden, bessere Kenntnisse zu erlangen, was die Japaner in Sachen Hochtemperatur-Supraleiter wirklich vorhaben.

Mit den Europäern haben die Amerikaner weniger Schwierigkeiten. Hier existieren beispielsweise mit dem Kernforschungszentrum Karlsruhe seit Jahren gute Kontakte, dem Forschungslabor also, das in den vergangenen Jahren am intensivsten in der Supraleitungsforschung engagiert war.

Japan hat gegenüber Europa und den USA den Vorteil, daß

es eine staatliche Planungs- und Forschungsbehörde besitzt, die Milliardenbeträge in die Labors von Industrie oder Hochschulen lenken kann. Diese Behörde ist das Ministerium für Industrie und Technologie, abgekürzt MITI.

Schon im Mai 1987 ließ dieses Ministerium verlauten, daß rund 140 bis 160 Millionen Dollar an Förderungsbeiträgen für die Hochtemperatur-Supraleiter bereitgestellt werden, um sie in möglichst kurzer Zeit marktfähig zu machen. Was unsere Forscher erschreckte, war die blitzartige Reaktion des japanischen Forschungsministeriums. Das MITI folgte dabei dem Rat einer Reihe japanischer Wissenschaftler, die in westlichen Forschungslabors gearbeitet hatten, in Rüschlikon etwa wie in Karlsruhe oder Jülich und in amerikanischen Industrieforschungslabors. Sie hatten früher als amerikanische Wissenschaftler den Forschungsbericht von Müller und Bednorz in der »Zeitschrift für Physik« gelesen und konsequent gedeutet.

Binnen weniger Monate haben japanische Wissenschaftler stark aufgeholt. Die Flut ihrer Patentanmeldungen hat die amerikanische Industrie wie die Regierung hellhörig gemacht. Dabei wurden die Schutzansprüche in Tokyo, nicht in Washington angemeldet.

Schon das reichte allerdings aus, um selbst das Weiße Haus in Unruhe zu versetzen. Die Forderungen des amerikanischen Präsidenten gehen weit über das hinaus, was der gegenwärtigen Situation und dem tatsächlichen Stand der Forschungs- und Entwicklungsarbeiten der Hochtemperatur-Supraleiter wirklich entspricht.

Vor allem die japanischen Medien haben diese Unruhe geschürt. So schrieb schon am 13. Juni 1987 die angesehene japanische Wirtschaftszeitung »Nihon Keizai Shimbun«: »Japan, U.S. run even in superconductor race.« Zu deutsch: »Japan und die USA ziehen im Rennen um die (neuen) Supraleiter gleich.« In dieser Titelzeile klingt eine kaum versteckte Schadenfreude über die amerikanische Forschungs- und Industriepolitik auf.

Außerdem gelang es den Japanern, mit tatkräftiger Unterstützung ihres Forschungsministers Hajime Tamura, noch Ende

August 1987 eine internationale Fachkonferenz über die Supraleitung in Kyoto abzuhalten. Und das knapp vier Wochen nach der US-Konferenz in Washington.

Damit ist die Supraleitung auf ein sehr hohes Niveau der internationalen Politik gehoben worden. Das macht es schwer, Tatsachen, politisch verbrämte Meinungen oder Absichten sowie forschungspolitische Chancen objektiv zu beurteilen.

Die Amerikaner müssen mit Recht fürchten, daß ihnen die Japaner einen technologischen »fight« bieten werden, den sie – in anderer Form – in der Elektronik oder im Automobilbau, nur schlecht bestanden haben.

Unter der aktiven Mitwirkung des MITI wurde im Frühjahr 1987 beschlossen, ein Forschungszentrum für die Supraleitung in Japan einzurichten. Zu diesem Zweck wurden sofort 130 Millionen Dollar zur Verfügung gestellt. Zahlreiche japanische Konzerne und Forschungslabors haben die Initiative aufgenommen und sich sofort zur Mitarbeit bereit erklärt. Das geht im Land der aufgehenden Sonne viel leichter und unkomplizierter vor sich als in den Vereinigten Staaten oder gar in Europa.

Wie sich diese Initiative entwickeln kann und wird, weiß man auch in Japan noch nicht. Das MITI mußte jedoch feststellen, daß hier nur wenige mit der Supraleitung wirklich vertraute Wissenschafter zur Verfügung stehen. Des weiteren mangelt es ihnen, wie den Vereinigten Staaten, an einem ausreichend großen Stamm an wissenschaftlich ausgebildeten Technikern.

Das große Plus, das die Japaner dagegen einsetzen können, ist ihr traditionelles Know-how in der Keramik. Ob es ausreichen wird, die Zürich-Oxide oder ähnliche keramische Werkstoffe schneller als nordamerikanische oder europäische Forscherteams marktfähig zu machen, sei dahingestellt. Dieses spezielle fernöstliche Wissen reichte bislang jedenfalls nicht aus, um zum Beispiel der Keramik im Motorenbau zum Durchbruch zu verhelfen.

14.
Gegenwärtige Markt-Abschätzung

Von einem Markt der Supraleiter kann in der üblicherweise von Statistikern benutzten Definition momentan noch nicht gesprochen werden. Das hat zwei Gründe:

- Alle verfügbaren Wirtschaftsstatistiken führen Supraleiter nicht auf, weder einzeln als supraleitende Kabel noch in den Geräten, in denen sie eingebaut werden;
- ein großer Anteil supraleitender Kabel wird in Forschungsgeräte in Form von Einzelstücken eingebaut, die lediglich in den Forschungsetats erwähnt werden. In Wirtschaftsstatistiken haben diese Umsätze verständlicherweise wenig zu suchen.

Verkauft werden supraleitende Kabel für Meß- und Medizingeräte und machen dort häufig nur einen Bruchteil der Geräte-Gesamtkosten aus. Es ist schließlich gegenwärtig erst ein winziges Marktsegment im Vergleich zum großen Markt an »gewöhnlichen« elektrischen Kabeln und betrifft hauptsächlich Kernspin-Tomografen. Ein »Herausrechnen« ist also schwierig. In der Bundesrepublik produziert nur die Siemens AG diese Diagnosegeräte. Ein weiteres Argument für die Statistiker, Anzahl und Produktionswerte anderen passenden Kategorien zuzuschlagen. Auch die supraleitenden Kabel stammen aus der Produktion einer Siemens-Tochter, der Vacuumschmelze GmbH in Hanau. Der Supraleitungs-Markt in der Bundesrepublik Deutschland ist so gesehen fest in einer Hand.

Mangels vergleichbarer Zahlen hat ein amerikanisches Marktforschungsinstitut versucht, durch Befragungen herauszufinden, wie groß der Gesamtmarkt denn nun wirklich ist. Wie Alfred Sagarese von der »Strategic Analysis Incorporated«

in Reading/Pennsylvania zugibt: »Eine derzeit noch grobe Abschätzung.« Sie soll weitergeführt werden, wenn sich eine ausreichend große Zahl von mitfinanzierenden Unternehmen zusammenbringen ließe.

Die Daten wurden 1986 zusammengetragen. Sie stammen also aus der Zeit vor der Entdeckung der »Hochtemperatur-Supraleiter«. Als weitere Einschränkung sollte beachtet werden, daß sie aus Befragungen von amerikanischen Marketingleitern sowie von Wissenschaftlern und Technikern aus staatlichen Forschungslabors zusammengestellt wurde. Es ist somit keine repräsentative Befragung, die daher in ihrer Verläßlichkeit lediglich als Trend, als Entwicklungsrichtung aufzufassen ist.

Die Befragung zeigt auf, daß weltweit mit supraleitenden Kabeln oder Gerätekomponenten rund 215 Millionen Dollar umgesetzt werden. Das bedeutet aber nicht, daß sich die Abschätzungen für den Gesamtmarkt der medizinischen und der meßtechnisch genutzten Kernspin-Tomografen und SQUIDs 1986 lediglich auf 150 Millionen Dollar belaufen haben. Kernspin-Tomografen sind teure Geräte. Hier sind nur die dafür verwendeten supraleitenden Kabel und Komponenten einbezogen worden. Supraleitende Kabel sind also weltweit in Höhe von 150 Millionen Dollar verkauft und eingebaut worden.

An zweiter Stelle sehen die Amerikaner Supraleiter in der Elektronik. Mit immerhin 28,8 Millionen Dollar noch ein respektabler Anteil.

Man muß diese dürftigen Zahlenangaben zu werten wissen. Das höchste Markt- und Entwicklungspotential liegt zweifellos im Ausbau der Kernspin-Tomografen. Ihr Einsatz bleibt nicht mehr auf die medizinische Diagnostik beschränkt. Neben den Chemikern haben Materialwissenschaftler und Biologen einen großen Bedarf für ihre Forschungsarbeiten angemeldet.

Deutsche Fachleute beurteilen derartige Hochrechnungen skeptisch und eher gelassen. In der Bundesrepublik weiß man sehr viel genauer, wie schwierig es sein kann, supraleitende Kabel für die 100-Kelvin-Technik marktreif zu machen.

Mögliches Marktpotential der neuen Supraleiter:

	1987	2002
Medizinische Diagnosegeräte	150	750
Elektronische Schaltungen, integrierte Schaltkreise	25	400
Sensoren und hochempfindliche Untersuchungsgeräte	3,8	200
Anlagen für die Hochenergie-Physik	25	200
Magnetische Trennverfahren für Erze, Mineralien und im Umweltschutz	5	175
Stromgeneratoren, Hochspannungsschaltanlagen	5	40
Supraleitende Stromkabel	–	10
insgesamt in Millionen US-Dollar: (Währungsstand: Sept. 1987)	213,8	1 775

Das entspricht in etwa einer Zunahme um den Faktor »sechs« in fünfzehn Jahren. Die Angaben entstammen Marktbefragungen der führenden amerikanischen Unternehmen, die heute schon Supraleiter herstellen oder verwenden.

Nach Abschätzung deutscher und europäischer Unternehmen liegen diese Zahlenangaben für 1987 etwa um fünfzehn Prozent zu hoch. Demgegenüber halten japanische Unternehmen den Wert für zu niedrig, weil einige Konponenten, Drähte beispielsweise, nicht in diese Umsätze mit eingerechnet worden seien. Das japanischen Ministerium für Technologie und Industrie hält für 1987 eher zweihundertundfünfzig Millionen Dollar für realistisch.

Fast zwölf Jahre Entwicklungsarbeit haben gezeigt, wie schwierig es war, Hochleistungskabel für den Bereich um 20 Kelvin herzustellen. Dennoch würden die Produzenten der Kabel gerne mit einer Umsatzerhöhung auf das Dreifache rechnen wollen. Die Produktionskapazitäten dafür sind in Hanau bei der Vacuumschmelze vorhanden.

Die Anteile supraleitender Kabel für Großtechnik, Stromerzeugung und -transport werden bis zum Jahr 2005 als recht niedrig eingestuft. Kein Wunder, denn hierzu müssen diese Kabel kostengünstig sein, und, was entscheidender sein dürfte, sie müssen große Strommengen verkraften können.

Aus Japan hört man deutlich optimistischere Töne. Das war in der Vergangenheit bei Produktentwicklungen häufiger der Fall, zum Beispiel bei Verbrennungsmotoren in vollkeramischer Bauweise oder bei den Großcomputern, die die Japaner stolz als die »5. Generation« bezeichneten. Diese Entwicklungsarbeiten laufen in Japan noch. Aber es ist recht still darum geworden, ob die vor einem knappen Jahrzehnt geäußerten Entwicklungsziele eingehalten werden können. Begründung: so etwas rechnet sich noch nicht; eine Meinung, die früher schon deutsche Techniker geäußert hatten.

15.
Rohstoffe und Lagerstätten

Die Zürich-Oxide bestehen aus den chemischen Elementen Lanthan, Barium und Kupfer. Weitere Verbindungen der Gruppe sogenannter Hochtemperatur-Supraleiter verwenden Yttrium oder andere Metalle aus der Elementegruppe der *Seltenerdmetalle*.

Diese Gruppe umfaßt 82 chemische Elemente. Sie werden zwar »selten« eingesetzt, erbringen aber zusammen mit anderen Mischungen viele erstaunliche und unerwartete Eigenschaften. (Die Bezeichnung »Seltenerdmetalle« täuscht eher über die wirklich vorkommenden Mengen in der Erdrinde.)

Hochleistungsmagnete verwenden beispielsweise das Seltenerdmetall Neodym. In anderen Magneten wird Samarium benutzt. Gläser für Laser-Systeme setzen ebenfalls Neodym oder Yttrium ein. Chemiker benutzen Spuren von Seltenerdmetallen zur Herstellung von Katalysatoren. Für zahlreiche Spezialgläser verschmilzt man Spuren von Seltenerdmetallen mit Quarz, um zum Beispiel langwelliges Licht gezielt »brechen« zu können.

Die häufigsten 17 chemischen Elemente der Seltenerdmetalle sind mit etwa 170 Gramm pro Tonne Gestein der Erdrinne anzutreffen. Neodym – chemische Abkürzung: Nd – ist mit 16 Gramm pro Tonne Gestein beispielsweise häufiger in der Erdkruste anzutreffen als das viel bekanntere Blei, das nur zu etwa 15 Gramm pro Tonne Gestein vertreten ist. Cer wiederum ist häufiger als Zinn (46 zu 3 Gramm pro Tonne Gestein).

Als Müllers und Bednorz' Forschungsergebnisse etwa ab Januar 1987 in den Fachkreisen bekannt wurden, gerieten die Lieferanten für Seltenerdmetalle in einige Schwierigkeiten.

Forschergruppen in Nordamerika wie in Japan orderten über Nacht bei den wenigen Lieferanten reiner Seltenerdmetalle so große Mengen, daß die ohnehin kleinen Rohstofflager schnell ausgeschöpft waren.

Gleichzeitig wurde den Besitzern der Lagerstätten klar, daß sie diese Gelegenheit wahrnehmen sollten: Sie mußten den Abbau der Lagerstätten kaum erhöhen, aber ihre Kapazität zur Aufarbeitung erheblich ausbauen oder verbessern.

Seltenerdmetall-Vorkommen sind in Europa ausgeschöpft und nicht mehr verfügbar. Aber Nordamerika, hier besonders Kanada, sowie Australien, Brasilien, China und Indien verfügen über riesige Vorkommen. Es handelt sich um die Mineralien Monazit und Bastnäsit, die in Erzlagern vorkommen, die auch Uran und Thorium enthalten und eine relativ hohe Radioaktivität aufweisen.

Steckbrief zu den Seltenerdmetallen

Verbrauch, weltweit: 1980: 81 300 t
Verbrauch, weltweit: 2000: 376 700 t

Einsatzbereiche:
(1982 in Prozent der verwendeten Gewichtsmengen):

Katalysatoren, Chemieindustrie:	43
metallurgische Verfahren:	22
Glas- und Keramikindustrie:	31
Sonstige:	4

Weltreserven:
(1982 in je tausend Tonnen)

Monazite:		Bastnäsite:	
Indien	3 000	China	35 000
Brasilien	1 000	USA	5 000
Australien	500	Afrika	250
andere	500		
	5 000		40 250

So finden sich in Monazit-Sanden beispielsweise 22 verschiedene chemische Elemente. Fünfzehn davon sind Seltenerdmetall-Oxide, am häufigsten Cer- und Lanthanoxid. Auf sie entfallen mehr als zwei Drittel des Seltenerdmetalloxid-Aufkommens. Monazit-Sande wurden bislang hauptsächlich wegen ihres Thorium- und Urananteils ausgebeutet. Die Seltenerdmetalle galten dabei dann lediglich als verkaufsfähige Nebenprodukte.

Zusammensetzung von Monazit und Bastnäsit in Prozenten

Elemente:*)	Monazit:	Bastnäsit:
Lanthanoide:		
Lanthan	23,0	32,0
Cer	46,5	49,5
Praeseodym	5,1	4,2
Neodym	16,4	13,0
Ytter-Erden:		
Samarium	2,3	0,8
Europium	0,07	0,11
Gadolinium	1,7	0,15
Terbium	0,16	
Dysprosium	0,52	
Holmium	0,09	zus.: 0,12 (Terbium bis Thulium)
Erbium	0,13	
Thulium	0,013	
Ytterbium	0,016	0,015
Lutetium	0,006	–
Yttrium	2,0	0,1

*) als Metalloxide

Quelle: P. Falconet in I. V. Mitchel: Nd-Fe Permanent Magnets, Brüssel 1984

Besonders reich an Seltenerdmetallen sind die chinesischen Bastnäsite. Sie sind in den östlichen Provinzen des Riesenreiches bei Shanghai, in Jiangxi und Guangdong zu finden. Mehr als 90 Prozent Bastnäsit bestehen aus Seltenerdmetallen, voran Yttrium-, Lanthan- und Neodym-Oxiden.

Die Schwierigkeiten bestehen darin, die Vielzahl der interessierenden Metalle zu wirtschaftlichen Kosten in reinster Form abzutrennen. Bislang waren hauptsächlich Neodym, Yttrium oder Lanthan von Interesse. Ein kleiner Markt, gemessen an den künftig geforderten Metallmengen. Zunehmendes Interesse galt dem Neodym, das zu einem Hochleistungsmagnet-Werkstoff zusammen mit Bor und Eisen gesintert wird.

Seit Mai 1987 hat sich das schlagartig geändert. Mit den wenigen Tonnen, die man bislang brauchte, war der Bedarf der wissenschaftlichen Laboratorien nicht mehr zu befriedigen. Die derzeitige Abbaumenge von knapp 23 000 Tonnen Seltenerdmetallen jährlich wird nun schrittweise erhöht.

Die beiden größten Produzenten, die amerikanische Tochter des »Rhône-Poulenc-Konzerns« in Monmouth Junction, New Jersey, und die amerikanische Molycorp Inc. in White Plains, Bundesstaat New York, haben schon im Juni 1987 reagiert. Rhône-Poulenc liefert jetzt ein komplettes sinterfähiges Gemisch aus Yttrium-, Barium- und Kupfer-Oxid im Mengenverhältnis von 1:2:3. Molycorp will die Liefermengen an Yttrium von weltweit 500 Kilogramm jetzt auf 600 Kilogramm aufstocken.

Das sind noch vergleichsweise bescheidene Mengen im Vergleich zu vielen anderen, weltweit gehandelten mineralischen Rohstoffen. Die ansteigenden Orders sind aber deutliche Zeichen, wie der Weltmarkt auf die Entdeckung der Nobelpreisträger reagiert hat. Und noch steht nicht einmal fest, welche Legierungen im ersten Anlauf das Rennen machen werden, womit also für einen größeren technischen, industriellen Einsatz zu rechnen ist.

Inzwischen haben chinesische Anbieter schnell nachgezogen. Zwar sind ihre Supraleitungs-Mineralien nicht ganz so rein wie die französischer oder amerikanischer Anbieter, aber ihre geringen Preise erlauben es, die nötige Reinigung der Seltenerdmetalle immer noch mit Kostenvorteilen durchzuführen.

Ein völlig neuer Anbieter in diesem immer interessanter werdenden Markt ist Indien. Während bisher nur grob aufgearbeitete Erzmischungen verkauft wurden, will man jetzt mit höheren Reinheiten am internationalen Nachfrage-Boom teilhaben.

Die internationale Metallbörse in London hält sich zurück, Seltenerdmetalle offiziell zu notieren. Dazu sind die umgesetzten Mengen einfach noch zu gering. Yttrium oder Neodym werden weltweit nur mit wenigen tausend Tonnen jährlich umgeschlagen. Es ist lediglich absehbar, daß der Laborbedarf an wichtigen Seltenerdmetallen oder ihren Oxiden in der gegenwärtigen Entwicklungsphase sich etwa verdoppeln dürfte. Wissenschaftler fürchten, daß dabei auch die Kosten steigen werden.

Nachwort und Danksagung

Ich habe dieses Buch in einer relativ kurzen Zeit von wenigen Monaten geschrieben. Das war nur möglich, weil ich seit Anfang der siebziger Jahre die neue Entwicklung der Physik der Supraleitung nie aus den Augen verloren habe.

Die damalige Begeisterung über Möglichkeiten, verlustlos elektrische Energie mit Spezialkabeln übertragen zu können oder moderne Magnetschwebebahnen zu bauen, hat mich nie verlassen. Es wurde aber damals schon deutlich, daß die Kühlung mit dem teuren Heliumgas keinen wirtschaftlichen Betrieb erlauben würde.

Um so mehr war ich von den Entdeckungen von Müller und Bednorz fasziniert und überrascht. Ihre Erkenntnisse haben einen regelrechten Boom an weiteren Forschungsarbeiten ausgelöst, der auch heute noch nicht beendet ist. Jetzt, bei Abschluß des Buches, wird bekannt, daß Japaner, Amerikaner und auch ein deutscher Wissenschaftler eine neue Gruppe von keramischen Supraleitern entdeckt haben, die ohne die Seltenerdmetall-Oxide auskommt. Hier spielen Bismut und Calzium zusammen mit dem schon bekannten »Sauerstoff-Defizit« die Hauptrolle. Die bislang erzielten Sprungtemperaturen liegen über hundert Kelvin. Welche Eigenheiten diese neue Gruppe aufweist, wie beständig sie sind und wie sie sich fertigungstechnisch beherrschen lassen, weiß zur Stunde noch niemand.

Als letztes wurde schließlich Anfang Februar 1988 bekannt, daß sich allein in den USA 86 Unternehmen an der Weiterentwicklung der neuen Supraleiter beteiligen. Nach Vorausschätzungen der amerikanischen »National Science Foundation« wird die US-Industrie dafür 1988 rund 61 Milliarden Dollar ausgeben. Ein riesiger Betrag verglichen mit den staatlichen Forschungsausgaben der USA.

Ich möchte mich an dieser Stelle besonders für die unendliche Geduld und aktive Mitarbeit meiner Frau Ilona Nöldechen bedanken. Sie hat alle Manuskripte mehrmals durchgelesen und alle Fehler und Unstimmigkeiten, wie sie nun einmal beim Schreiben passieren, kritisch und geduldig mit ausgemerzt. Wenn dieses Buch ein lesbares, populäres Buch wird, dann hat sie daran einen großen Anteil.

Mein besonderer Dank gilt den Entdeckern der Zürich-Oxide Müller und Bednorz, die mir auf alle meine Fragen offen und rückhaltlos geantwortet haben.

Das gilt ebenfalls für viele Wissenschaftler aus deutschen und ausländischen Forschungsinstituten, die mein Bemühen um eine verständliche und populäre Darstellung unterstützt haben. Ich kann aber in diesem Buch nicht alle diejenigen namentlich erwähnen, deren Informationen ich verwendet habe.

Ich möchte mich aber auch für die hilfreiche Mitarbeit von Herrn Dr. Dieter Thierbach bedanken, der das Manuskript gegengelesen hat und mithalf, unscharfe Formulierungen aus wissenschaftlich-technischer Sicht zu beseitigen.

Glossar der Fachbegriffe

(Die Reihenfolge entspricht dem erstmaligen Auftauchen dieser Begriffe im Text)

Supraleitung: Nahezu verlustfreier widerstandsloser Stromtransport in metallischen – und jetzt auch – in keramischen Drähten, Kabeln oder Bauelementen.

Temperatur-Nullpunkt: Der »absolute« Temperatur-Nullpunkt liegt bei Null Kelvin. Das entspricht nach allen bisherigen Berechnungen einer Celsiustemperatur von minus 273,15 Grad. Der Weltraum ist 3 Kelvin = −270,15 °C kalt. Der Physiker Frank Pobell, Universität Bayreuth, erzielte im Januar 1988 die bislang tiefste Temperatur von −273,149988 °C mittels eines magnetischen Kühlverfahrens, 12 Mikrokelvin über dem absoluten Temperatur-Nullpunkt.

Kelvin-Temperaturskala: Die Kelvintemperaturen werden in Gradschritten wie bei der Celsiusskala gemessen, aber nicht in Grad angegeben. Null Kelvin entsprechen minus 273,15 Grad Celsius, daher 273,15 Kelvin auch Null Grad Celsius.

Magnetfeld: Magnetfelder lassen sich durch ihre Einwirkung auf Magnetpole oder bewegliche elektrische Ladungen nachweisen. Sie werden in magnetischen Feldstärken und mit ihrem magnetischen Fluß (Flux) gemessen. Als Einheit der Flußdichte gilt »Tesla«, früher »Gauß«. Die Bezeichnung »Magnetfeldstärke« ist physikalisch ungenau.

Tesla, Gauß: Die Maßeinheit für den magnetischen Fluß, ein Gauß = ein Zehntausendstel Tesla.

Magnetismus, Elektronenspin: Geht auf die Eigendrehung der Elektronen um ihre Achse in der Elektronenhülle der Atome zurück und bewirkt damit das magnetische Verhalten.

Seltenerdmetalle: Auch *Seltene Erden* genannt, eine Sammelbezeichnung für siebzehn chemische Elemente mit den Ordnungszahlen 21 (Scandium), 39 (Yttrium), 57 (Lanthan), und von 58 bis 71. Gebräuchlich sind auch Bezeichnungen für einzelne Gruppen wie Lanthanoide für Lanthan-Gruppe, Ytter-Erden und Cer-Erden. Sie werden der dritten Gruppe im periodischen System der chemischen Elemente, den Übergangsmetallen, zugerechnet. Cer, Yttrium und Neodym sind häufiger als Blei, Molybdän, Arsen, Gold, Silber oder Platin. Sie werden als »Erden« bezeichnet, weil sie in der Natur als Oxide vorkommen.

Sprungtemperatur: Bei Widerstandsmessungen auftretender Temperaturpunkt, von dem an der elektrische Widerstand plötzlich rapide zunimmt. Gebräuchlich sind auch Bezeichnungen wie *kritische Temperatur* oder *Temperatursprung.*

Quantenphysik: Gründet auf der Quantentheorie, die 1900 von Max Planck (1858–1947) aufgestellt wurde. Danach wird Strahlungsenergie von Atomen nicht stetig, kontinuierlich, sondern nur in gewissen »Energie-Portionen«, den Quanten, aufgenommen oder unter besonderen Umständen auch abgegeben. Quanten unterliegen dem physikalischen Dualismus von Wellen- und Teilchenform.

Elektrischer Widerstand: Energieverlust, der in stromdurchflossenen Leitern auftritt. Meßeinheit ist unter bestimmten Bedingungen (Temperatur, Material) das Ohm. Die Gesetzmäßigkeit regelt das Ohmsche Gesetz: Widerstand = Spannung geteilt durch Strom in Volt und Ampère. Elektrischer Widerstand entsteht durch Beeinflussung der Elektronen durch die Atome des (Metall-)Gitters, durch die sie beim Fließen eines elektrischen Stroms materialspezifisch abgebremst werden. Diese Reaktion äußert sich im Warmwerden und Erhitzen des Materials.

Intermetallische Verbindung: Auch Metalle weisen in ihrer inneren, kristallinen Struktur große Unterschiede auf. Metallurgen unterscheiden sie als Phasen, die durch verschiedene physikalische Eigenschaften voneinander abweichen.

Halbleiter: Verbindungen, die geringere spezifische Leitwerte des elektrischen Stroms aufweisen als Metalle.

Ferroelektrika: Chemische Verbindungen, die zur Gruppe der perowskitähnlichen Kristalle gezählt werden, wie Bariumtitanat oder Bleizirkonat. Ihre Reaktionen sind abhängig von der Temperatur und der Ausrichtung der sie zusammensetzenden Moleküle. In Ferroelektrika sind sie im magnetischen Sinn parallel ausgerichtet. Daher reagieren alle F. piezo- und pyroelektrisch. Gegensatz: antiparallel ausgerichtete Dipol-Strukturen werden als Ferrielektrika bezeichnet.

Piezo-, pyro-elektrisch: Verbindungen, meist in kristalliner Form, reagieren auf mechanischen Druck und Temperaturveränderungen durch Aufbau einer Spannung an der Oberfläche. Andererseits führen wechselnde Spannungen zu mechanischen Schwingungen in piezoelektrischen Kristallen vom Hörschall bis zum Ultraschall. Anwendungen: Schall-Ortungsgeräte, Brandmelder.

Perowskit: Komplizierte Kristallstruktur in der allgemeinen Formel von ABO_3. Dabei ist A = Blei, Calzium, Barium; B = Titan, Zirkon, Zinn oder Niob; O = Sauerstoff. Perowskite kommen in granitischen Tiefengesteinen vor. Ihre Entstehung wird geochemisch von Spinell abgeleitet, der bei hohen Temperaturen und bei hohem Druck in Perowskite übergeht.

Kritischer Strom, kritisches Magnetfeld, kritische Temperatur: Im Gegensatz zu den »kritischen« Zuständen in der Physik sind hier spezielle Werte im Bereich der Supraleitung gemeint: Kritischer Strom ist die höchste Stromstärke, die ein Supraleiter aushalten kann, das gilt entsprechend für ein von außen angelegtes Magnetfeld und die Umgebungstemperatur.

BCS-Formel: Abgekürzte Bezeichnung für die mathematische Berechnung von Supraleitern nach den Forschungsarbeiten von Bardeen, Cooper und Schrieffer.

Hochfeld-Magneten: Elektromagneten, die einen magnetischen Flux von 0,5 und mehr Tesla erreichen. Die gegenwärtig technisch verwirklichte Obergrenze liegt knapp unter 20 Tesla.

Quanten-Interferometer: Hochempfindliches Magnetfeld-Meßgerät unter Benutzung der Supraleitung. Die genaue Bezeichnung lautet: »Superconducting Quantum Interference Device«, abgekürzt SQUID.

Keramik: Chemische Verbindungen, die aus Metalloxiden, -nitriden oder -karbiden bestehen. Hochtemperaturfeste, gesinterte Verbindungen mit hohen Härtewerten und relativ geringer Elastizität, häufig spröde und leicht brüchig.

Hochtemperatur-Supraleiter: Neue Bezeichnung für Werkstoffe, die bei Temperaturen von mehr als zwanzig Kelvin supraleitend sind, Abkürzung: H_{Tc}.

Ohmscher Widerstand: Widerstand, der in elektrischen Leitern nach den Gesetzmäßigkeiten des Physikers Georg Simon Ohm (1787–1854) zu messen ist.

Blindleistung: Elektrische Spannung, die zum Aufbau von Magnetfeldern in Elektromotoren und -magneten erforderlich ist und die nicht von den Stromverbrauchsgeräten erfaßt werden kann. Neben dem elektrischen Leitungswiderstand in allen Stromkabeln ein Energieverlust, der den Wirkungsgrad unserer Elektrizitätsversorgung verringert.

Josephson-Übergänge: Elektronische Schaltelemente, die nur durch supraleitende Werkstoffe funktionieren und von Magnetfeldern beeinflußt werden können. Sie »schalten« entsprechend Transistoren aber um ein Erhebliches schneller und damit in einem höheren Frequenzbereich. Allerdings verlangen sie eine extrem hohe Strom-Spannungs-Stabilität.

Impedanz: Widerstand, der bei Wechselstrom auftritt und dem Ohmschen Widerstand bei Gleichstrom entspricht.

Strom-, Spannungs-Normale: Meßgeräte, die mit höchster Präzision Ströme und Spannungen messen können und für schaltungstechnische Lösungen als Vergleichsmaßstäbe eingesetzt werden.

Feldeffekt-, ballistische Transistoren: Ein unipolarer Transistor, der von einem elektrischen Feld gesteuert wird. Durch Strukturen im Bereich von ein bis 0,1 Mikrometer können Elektronen sich sehr schnell bewegen und von Schaltungen im hochfrequenten Submillimeter-Bereich benutzt werden.

Neodym-Eisen-Bor-Magnete: Eine neuartige Werkstoffmischung für Hochleistungsmagnete, deren magnetische Eigenschaften dicht an der theoretischen Grenze des Machbaren liegen. Sie sind seit 1987 auf dem Markt. Ihre Kräfte sind sogar so groß, daß Zahnprotesen damit befestigt werden können.

Cooper-Paare: Das paarweise Zusammengehen zweier Elektronen, die damit die besonderen Eigenschaften des Supraleitungs-Stroms erklären.

Phonon-Elektron-Wechselwirkung: Eine – inzwischen auch bewiesene – Verhaltensweise zwischen zwei Elektronen im Bereich supraleitender Temperaturen, die besonders für die Hochtemperatur-Supraleiter typisch ist.

Planck'sche Konstante: Eine Naturkonstante der Quantenphysik: »h quer«. Sie charakterisiert zusammen mit der Frequenz den Energieinhalt eines »Quants«.

Debye-Frequenz: Charakteristische Frequenz für Quanten, um deren Energie-Inhalt bestimmen zu können. Sie wurde von Petrus Josephus Wilhelmus Debye, einem holländischen Physiker und Chemiker (1884–1966), 1936 Nobelpreis für Chemie, entdeckt.

Boltzmann-Konstante: Umrechnungsfaktor der Temperaturen in Grad gemessen, mit dem die energetischen Zustände von Quanten den Gesetzmäßigkeiten der Thermodynamik angepaßt werden.

Joule-Sekunden: Physikalische Einheit zur Angabe einer physikalischen Arbeitsleistung: 1 Joule/Sekunde = 1 Newton/Meter.

Isotopen-Effekt: Wird bei den bisherigen »alten« Supraleitern beobachtet. Wenn relativ schwere Atome in diese Verbindungen eingeschleust werden, sinkt auch die Sprungtemperatur, d. h. die Schwingung der Atome verringert sich und reduziert damit auch den Temperaturbereich der Supraleitung.

Brownsche Molekular-Bewegung: Partikel von wenigen Mikrometern Größe scheinen bei ihrer Betrachtung unter starken Vergrößerungen im Mikroskop sich unregelmäßig hin und her zu bewegen und täuschen eine Eigenbeweglichkeit vor. Tatsächlich handelt es sich aber um temperaturbedingte, gesetzmäßig faßbare Bewegungen sehr kleiner Teilchen.

Vielteilchen-Theorie: Physikalische Theorie und Berechnungsverfahren, das viele Körper, Teilchen, Moleküle oder Atome in ihrer gegenseitigen Beeinflussung untersucht. Bei starken Einwirkungen auf viele unterschiedliche Teilchen kommt es zu »chaotischen« Zuständen, die rechnerisch nur sehr schwer zu erfassen sind. Am besten untersucht sind bislang Zwei-Körperprobleme: die Anziehungskräfte von Erde und Mond beispielsweise.

Meißner-Ochsenfeld-Effekt: Supraleiter besitzen auch die wichtige Eigenschaft, Magnetfelder zu verdrängen. Dadurch kommt es zu einem Aufschweben eines Supraleiters, der in einem Magnetfeld liegt. Supraleiter der »ersten« Art, sogenannte weiche Supraleiter, können nur relativ schwache Magnetfelder, unter 0,1 Tesla verdrängen. Supraleiter der zweiten Art, wie die Zürich-Oxide, verdrängen auch erheblich größere Magnetfelder. Es wird derzeit für möglich gehalten, die neuen Supraleiter bis zu zwanzig und mehr Tesla einzusetzen.

Abschirmstrom: Magnetische Feldlinien erzeugen hauptsächlich in metallischen Werkstoffen elektrische Ströme. Der Vorgang ist aber auch umkehrbar. In Supraleitern erzeugen Magnetfelder unterhalb der kritischen Temperatur ebenfalls als Abschirmstrom bezeichnete Ströme. Diese bringen schließlich wieder ein Magnetfeld hervor, das so stark werden kann, daß es zu »schwebenden« Supraleitern führt. Darauf beruht der Meißner-Ochsenfeld-Effekt.

Tunnel-Elektronen: Elektronen besitzen die Besonderheit, daß sie sich entgegen allen physikalischen Regeln durch isolierende Werkstoffe »hindurchtunneln« können. Es handelt sich um eine quantenmechanische Erscheinung, die erstmals 1928 von Gamow beschrieben und diskutiert wurde. Tunnelelektronen treten auch in Supraleitern auf und wurden von Josephson schon 1962 vorausberechnet. Hier sind es keine Einzelelektronen mehr, sondern gepaarte Elektronen in Form der Cooper-Paare. Tunnelelektronen werden heute auch praktisch genutzt: als Einzelelektronen im Raster-Tunnel-Elektronen-

Mikroskop und als Cooperpaare in den hochempfindlichen Magnetsensoren, den SQUIDs.

Energielücke: Wenn sich zwei Elektronen zu Cooper-Paaren zusammenlegen und zum Suprastrom führen, entspricht ihr Energieinhalt nicht dem doppelten Energieinhalt des einzelnen Elektrons, sondern nimmt einen geringeren Wert an. Die Differenz wird als Energielücke bezeichnet und konnte in zahlreichen theoretischen Berechnungen und praktischen Versuchen bewiesen werden. Dadurch gelang es, die Existenz der für die Supraleitung verantwortlichen »Cooper-Paare« nachzuweisen.

Phasenübergang: Kristalle liegen bei unterschiedlichen Temperaturen und bei unterschiedlichem Druck in ihren Eigenschaften in verschiedenen Phasen vor. Es kann zu Übergängen dieser Phasen kommen, wenn sich die Wertigkeit der die Kristalle bildenden Atome ändert oder wenn die äußeren Bedingungen wechseln. Bei einer Reihe von Phasenübergängen können aus isolierendem Material Halbleiter oder, wie gerade bei den neuen Supraleitern, stromleitende Werkstoffe entstehen.

Stöchiometrische Verhältnisse: Sie sind für die rechnerische Erfassung chemischer Verbindungen und ihrer Reaktionen erforderlich. Stöchiometrie ist die ganzzahlige Angabe von Molekülen, die an Reaktionen beteiligt sind. Stöchiometrische Zahlenangaben sind nicht mit dem Gewicht der betreffenden Moleküle zu verwechseln.

Ångström: Längeneinheit, die nach der Vereinheitlichung der Maße und Gewichte eigentlich nicht mehr benutzt werden soll, wegen der Praktikabilität bei der Angabe von Atomabständen aber von Wissenschaftlern immer noch verwendet wird. Ein Ångström entspricht 10^{-10} Metern gleich 0,1 Nanometer gleich 100 Pikometer.

Weiterführende Literatur

Gesamtdarstellungen:

Werner Buckel, Supraleitung, 3. überarbeitete Auflage 1984, Physik-Verlag, D-6940 Weinheim (bietet mit 278 Quellenverweisen eine Übersicht nahezu aller wissenschaftlicher Arbeiten von 1911 bis 1983).

Commission of the European Communities: European Workshop on High T_c Superconductors and Potential Applications, Tagungsbericht der EG-Tagung vom 1. bis 3. Juli 1987 in Fiera del Mare, Genua, Italien.

Assessment of Potential Advantages of High T_c-Superconductors for Technical Application of Superconductivity, KfK-Report Nr.: 4308, 1987, von F. Schauer, K. P. Jüngst, P. Komarek, W. Maurer, Kernforschungszentrum Karlsruhe GmbH, Institut für Technische Physik, D-7500 Karlsruhe 1, Bundesrepublik Deutschland.

Chemistry of High-Temperature Superconductors, D. L. Nelson, M. St. Whittingham, Th. F. George, American Chemical Society, Washington, D.C., 1987. (Zusammenstellung von wissenschaftlichen Fachreferaten einer Tagung vom 30. 8. bis 4. 9. 1987 in New Orleans, Louisiana (USA)

Einzelberichte:

J. G. Bednorz, K. A. Müller, Possible High T_c Superconductivity in the Ba-La-Cu-O System, Zeitschrift für Physik B – Condensed Matter, 64, 189–193, 1986.

H. Rietschel, Keramische Hochtemperatursupraleiter: ein erster Über-

blick, Karlsruhe, 1987 (Manuskript einer Fachveröffentlichung mit über 20 Literaturhinweisen von 1979 bis 1987).
D. Lambrecht, Entwicklungsstand des supraleitenden Generators, ETG-Fachberichte, 20, 15–26, VDE-Verlag.
E. Bochenek, U. Hildebrandt, H. Kuhmann, E. Scheffler, H. Voigt, Supraleitendes flexibles Hochleistungs-Gleichstromkabel, ETZ-B, 26, 215–219, 1974.

Personen- und Sachregister